Das große Michael-Ende-Vorlesebuch

**Michael Ende** (1929–1995) zählt zu den bekanntesten deutschen Schriftstellern und war gleichzeitig einer der vielseitigsten Autoren. Neben Kinder- und Jugendbüchern wie »Jim Knopf und Lukas der Lokomotivführer«, »Momo« oder »Die unendliche Geschichte« schrieb er poetische Bilderbuchtexte und Bücher für Erwachsene, Theaterstücke und Gedichte. Viele seiner Bücher wurden verfilmt und für Funk und Fernsehen bearbeitet. Für sein literarisches Werk erhielt er zahlreiche deutsche und internationale Preise. Seine Bücher wurden in mehr als vierzig Sprachen übersetzt und haben eine Gesamtauflage von über 28 Millionen Exemplaren erreicht.

Mehr über den Autor unter www.michaelende.de

# Das große Michael Ende Vorlesebuch

Erzählungen Märchen
Gedichte

Thienemann

# Inhaltsverzeichnis

## Was das Kind des großen Zauberers Mirakandra in seiner Spielkiste hat:

Einen alten Knopf von einer Windhose,
Ein getrocknetes Blütenblatt einer Windrose,
Ein buntes lebendiges Traum-Bilder-Buch,
Einen flüchtigen Gedanken auf Dauerbesuch,
Zwei goldene Haare aus einem Kometenschweif,
Ein schimmerndes Flaumfederchen von Vogel Greif,
Ein Steinchen, das jemand vom Herzen gefallen,
Ein Samenkorn von einem Bäumchen Korallen,
Ein buntes Scherbchen von einem nicht mehr benützten Regenbogen,
Ein Stümpfchen von einem Irrlicht, das niemals jemand betrogen,
Einen winzigen Luftschlüssel zu einem Luftschloss,
Einen goldenen Hufnagel vom Pegasus Dichterross,
Das Krönchen einer Bienenkönigin,
Eine Sparbüchse mit Sterntalern und Sterngroschen drin,
Eine alte Taschenuhr, die einmal im Leben die Wunschstunde schlägt,
Ein Steckenpferd, das einen ins Morgen-Land trägt,
Einen Kompass, der einem immer die Richtung zeigt, wo man Freude findet,
Ein Stück roten Faden, der eine sehr lange Geschichte zusammenbindet,
Einen dicken Kreisel, der manchmal Kinder kriegt,
Einen Luftballon, der nur mit Lach-Gas fliegt,
Ein Taschenspiegelchen, mit dem man manchmal einen Blick
in den Himmel tun kann,
Und ein Püppchen mit einem Kleid aus Glückgespinst an,
Ein Knöchelchen, als Andenken vom freundlichen Tod verehrt, und

Eine ganz kleine Muschel, in der man das ewige Sternenmeer singen hört.
Wenn du das alles sähst – du gäbst vielleicht nichts drauf:
Es sieht ganz gewöhnlich aus wie dies und das.
Ich wette, du würd'st es nicht glauben. Doch pass mal auf,
Vielleicht hast du selbst so was?

# Der Lindwurm und der Schmetterling oder Der seltsame Tausch

## 1. Akt

Einst war ein finstrer Felsenturm
bewohnt von einem Drachenwurm,
der spuckte Feuer hint' und vorn,
war voller Stacheln und voll Zorn.

Doch eines Tags kam zu Besuch
Professor Hicks mit einem Buch.
Er forschte vorn und forschte hint',
furchtlos, wie solche Leute sind.
Er maß das Tier voll Wissensdrang:
Mit Schwanz war's dreißig Meter lang!

Das undankbare Scheusal fraß
den Forscher samt dem Metermaß.
Zur Reue sah es keinen Grund,
es war voll Bosheit, doch gesund.

Jedoch – das Buch war unverdaulich!
Dem Drachen wurde grimm und graulich,
drum spuckte er aus seinem Bauch
das Buch und den Gelehrten auch.

Der Forscher, ohne Abschiedswort,
nahm seine Brille und ging fort.
Doch schau! Das Buch ließ er zurücke,
sei's aus Zerstreutheit, sei's aus Tücke.

Der Drache fing zu lesen an.
Das hätt' er besser nicht getan!
Denn kaum hat er hineingeguckt,
da las er schwarz auf weiß gedruckt,
dass jeder Wurm, der Feuer spei,
ganz einwandfrei ein LINDWURM sei.

Der Drache schrie, vor Wut fast blind:
»Ich bin nicht lind! Ich – bin – nicht – LIND!!!«
Das Buch zerriss er kurz und klein,
er wollte halt kein LINDWURM sein.
Und zum Beweise seines Grimmes
tat er den ganzen Tag nur Schlimmes.

Was er auch tat, der Wurm blieb LIND.
Da weint' er schließlich wie ein Kind,
er ging von nun an nie mehr aus
und lag mit Kopfweh krank zu Haus.

## 2. Akt

Auf einer Wiese voller Pflanzen
übt' sich ein Kohlweißling im Tanzen.
Er war von zärtlichem Gemüte
und sehr galant zu jeder Blüte.
Doch auch mit den Kohlweißlingsmädchen
dreht' er den Walzer wie auf Rädchen.

Er war empfindsam und bescheiden,
vor allem konnt' er Lärm nicht leiden.
Ihn machte das Verkehrsgetöse
der nahen Straße richtig böse.
Drum sucht' er in des Waldes Gründen
die Ruhe, die er liebt', zu finden.

Kaum war er dort, kam eine Hummel
des Wegs daher mit viel Gebrummel.
Der Kohlweißling rief: »Unerhört!
Auch hier wird man durch Lärm gestört!«
Die Hummel brummte: »Dummes Ding!
Du heißt ja sogar SCHMETTERLING!«
Der Kohlweiß ward vor Schreck kohlweiß:
»Wie furchtbar, dass ich SCHMETTER heiß'!«

Von nun an tanzte er nicht mehr,
ging nur auf Zehen noch umher –
doch der Erfolg war sehr gering:
Er war und blieb ein SCHMETTERLING.
Verzweifelt rang er seine Beine,
zog sich zurück und haust' alleine
als Eremit in einer Wüste,
wo er für sein Geschmetter büßte.

## 3. Akt

Doch eines Tags kam eine Schlange
vorbei im Zick-Zack-Schlendergange,
die sprach: »Es ist direkt zum Lachen!
Ich kenne nämlich einen Drachen,
der grämt sich, weil er LINDwurm heißt.
Tjaja, so ist das Leben meist.«
Drauf zwinkert' sie mit List im Blick
und zog davon im Zack und Zick.

Der Schmetterling bedachte lange
die klugen Worte jener Schlange.
Er grübelt' vierzehn Tage fleißig,
dann rief er plötzlich: »Ha, jetzt weiß ich!«

Er packte etwas Proviant
und reiste lange über Land,
bis er, wenngleich auch höchst beklommen,
zu jenem Drachenturm gekommen.
Am Boden lagen bleiche Knochen –
der Wandersmann wagt' kaum zu pochen.

Doch schließlich trat er in den Turm.
Im Bett lag krank der Drachenwurm
und fing sofort zu jammern an.
Der Schmetterling jedoch begann:
»Ich hab' gehört, was Ihnen fehlt.
Wie wär's, wenn wir, was jeden quält,
ganz einfach tauschten miteinand'?
Ich werde SCHMETTERLING genannt.«

Der Lindwurm, der verstand erst nicht,
doch bald verklärt' sich sein Gesicht,
und als er schließlich ganz verstand,
da schüttelt' er dem Gast die Hand
(ganz überaus behutsam freilich!).
Er holt' Papier und Tinte eilig,
der Tausch ward schriftlich festgelegt.
»Gemacht!«, rief jeder tief bewegt,
und Arm in Arm verließ den Turm
ein LINDLING und ein SCHMETTERWURM.

## Was ist ein Schnurps?

**(Versuch einer Beschreibung)**

Es kann den Schnurps groß oder klein,
dünn, dick und anders geben.
Nur eines gilt ganz allgemein:
Er spielt gern für sein Leben!

Ein Schnurps hat Händ mit Fingern dran,
zwei Beine, ein Gesicht ...
Was er damit vollbringen kann,
das glaubt man manchmal nicht.

Ein Schnurps kann – sagt man – aufrecht gehn,
er purzelbäumt indessen
und bringt es fertig, Kopf zu stehn
und Honigbrot zu essen!

Als Hauptsach hat sein Hals zu gelten:
Dort kommt sein Stimmchen her!
Den Hals braucht er zum Waschen (selten!),
die Stimme zu viel mehr.

Ein Schnurps, der liebt es immer wieder,
sich krumm und grad zu lachen.
Am meisten liebt er Schnurpsenlieder
zu hören und zu machen.

Ein Schnurps ist niemals irgendwer,
denn das ist schließlich jeder.
Ein ganz Bestimmter ist viel mehr
der Schnurps – darauf besteht er!

Ein Schnurps ist (darauf kommt es an!)
ein Jemand sicherlich,
den man besonders leiden kann,
zum Beispiel so wie dich.

# Das Schnurpsenkonzert

Das Stöckchen schwingt der Karlimann,
er macht den Taktigenten.
Wir fangen das Konzeter an
auf allen Unstrimenten:

Der Joseph oselt auf dem Schnarch,
der Maxel bauzt die Bumse,
der lange Alexander, horch! –
der schrappt die große Schrumse!

Der Höllenlärm geht ins Gedärm!
Die Kreische kratzt Sabine.
Die Mia zizzelt ganz erbärmlich
auf der Winseline.

Es nödelt auf der Föhl herum
der Franz, jedoch der Micha,
der pingelt das Brimborium.
Kai wibbelt auf der Kicher.

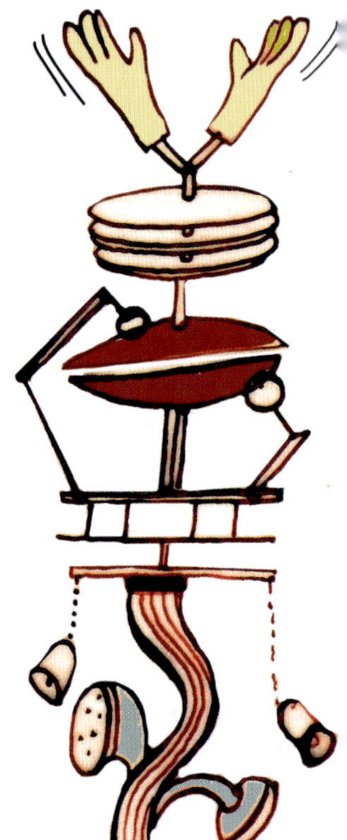

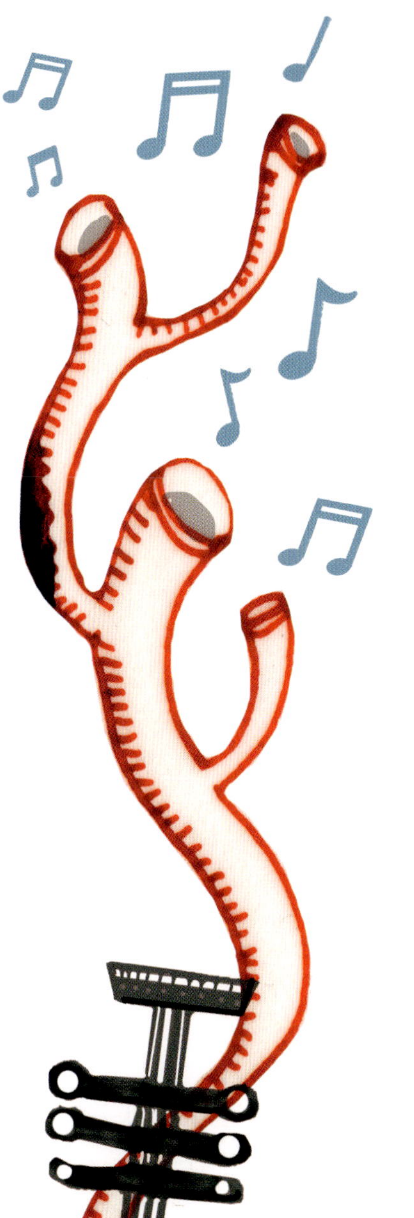

Auf seiner Pupe autscht der Hans
gar schauerlich, der Schlingel.
Klein-Lieschen aber zickelt ganz
versunken auf der Zingel.

Und auf der Schnarre tattert Jan,
die Quengel zipft die Grete.
Am lautsten kann's Sebastian:
Er quackelt auf der Tete!

Für uns ist das ein Ohrenschmaus,
weil die Musik der Ton macht,
doch wer uns hört, der nimmt Reißaus,
wer dableibt, fällt in Ohnmacht!

# Norbert Nackendick oder Das nackte Nashorn

Da gab es einmal ein Nashorn namens Norbert Nackendick. Es lebte mitten in der weiten afrikanischen Steppe in der Nähe eines Schlammtümpels und war misstrauisch. Nun sind ja bekanntlich alle Nashörner misstrauisch, aber bei Norbert ging die Sache entschieden zu weit.

»Man tut gut daran«, so pflegte er zu sich selbst zu sagen, »in jedem anderen einen Feind zu sehen, dann erlebt man jedenfalls keine unliebsamen Überraschungen. Der Einzige, auf den ich mich verlassen kann, bin ich selbst. Das ist meine Philosophie.«

Er war stolz darauf, dass er sogar eine eigene Philosophie hatte, denn nicht einmal in diesem Punkt wollte er sich auf jemand anderen verlassen.

Wie man sieht, war Norbert Nackendick in geistiger Hinsicht nicht besonders anspruchsvoll. Dafür war er aber in körperlicher Hinsicht nahezu unangreifbar. Er hatte eine Panzerplatte links und eine rechts, eine vorn und eine hinten, eine oben und eine unten, kurz und gut, an jeder Stelle seines umfangreichen Leibes. Und als Waffe genügte ihm nicht, wie den meisten Artgenossen, ein Horn auf der Nase, sondern er hatte deren zwei: ein großes ganz vorn und ein kleineres weiter hinten als Reserve, falls das große einmal nicht ausreichen sollte. Beide waren scharf und spitz wie Türkensäbel.

»Man tut gut daran«, sagte Norbert Nackendick, »immer auf das Schlimmste vorbereitet zu sein.«

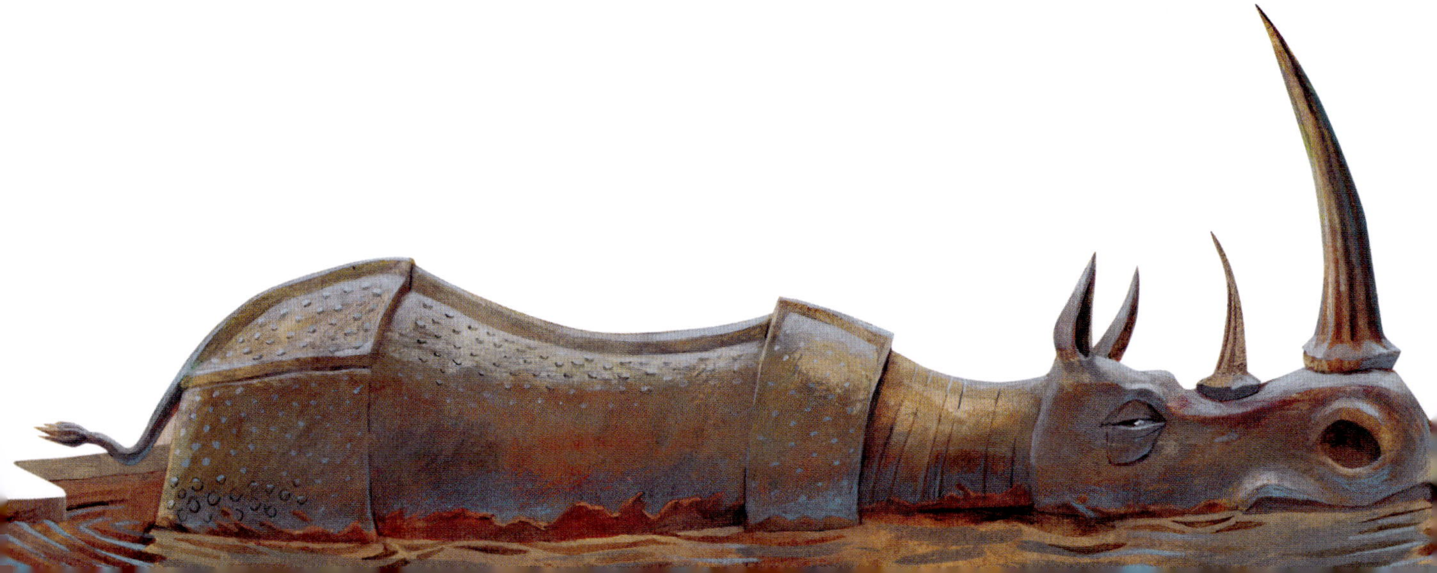

Wenn er auf seinem Trampelpfad durch die Steppe dahinstampfte, ging ihm jedermann aus dem Weg. Die kleinen Tiere hatten Angst vor ihm, und die größeren vermieden es aus Vernunft, ihm zu begegnen. Sogar die Elefanten machten lieber einen Bogen um ihn, denn Norbert war ein Wutnickel und fing wegen der kleinsten Kleinigkeit Streit an. Und Tag für Tag wurde es schlimmer mit ihm.

Schließlich konnten die anderen Tiere nur noch unter Lebensgefahr zu dem Wassertümpel kommen, um ihren Durst zu stillen. Die Tierkinder durften dort nicht mehr spielen und baden, ja, nicht einmal die Vögel durften mehr singen, denn sofort kam Norbert Nackendick wutentbrannt dahergebraust, trampelte alles zusammen und schrie, man hätte ihn angegriffen.

So konnte es einfach nicht weitergehen, darüber waren sich alle einig. Deshalb beriefen die Tiere eine Konferenz ein, um zu beraten, was man tun könne. Und damit auch wirklich alle an der Besprechung teilnehmen konnten, gab jedes sein feierliches Versprechen, sich friedfertig zu verhalten, denn es gab natürlich viele, die nicht gerade befreundet miteinander waren.

Am festgesetzten Abend versammelten sie sich also in einem kleinen Talkessel, der mehrere Meilen entfernt lag, um in aller Ruhe und von Norbert Nackendick ungestört sprechen zu können.

Der Löwe Richard Rachenrau, der den Vorsitz führen sollte, bestieg einen Felsblock. »Ruhe!«, grollte er in das allgemeine Gemuhe, Gemeckere, Gepiepse und Geschnatter.

Es wurde sofort still.

»Kurz und ohne Umschweife«, fuhr der Löwe fort, denn er verabscheute lange Reden, »ihr alle wisst, worum es geht. Wer hat einen Vorschlag zu machen?«

»Ich!«, grunzte das Warzenschwein Berthold Borstig.

»Rede!«, knurrte Richard Rachenrau.

»Die Sache ist sehr einfach«, erklärte das Warzenschwein. »Wir tun uns alle zusammen und gehen gleichzeitig auf Norbert Nackendick los. Im Handumdrehen klopfen wir ihn platt wie einen Pfannkuchen, dann beerdigen wir ihn, und die Ruhe ist hergestellt.«

»Entschuldigen Sie, mein Bester!«, trompetete eine ältere Elefantendame. »Entschuldigen Sie, aber dieser Plan zeugt von sehr niederer Gesinnung! Alle gegen einen!« Aida Rüsselzart, so hieß die Dame, fächelte sich entrüstet mit ihren riesigen Ohren. »Ich protestiere im Namen der tierischen Würde gegen Herrn Borstigs Vorschlag. Er ist vom sittlichen Standpunkt aus verwerflich und niederträchtig.«

»Hö!«, schrie das Warzenschwein erbost. »Norbert Nackendick ist selbst niederträchtig. Man muss ihm auf die gleiche Art beikommen.«

»So tief«, entgegnete Aida Rüsselzart würdevoll, »möchte ich nicht sinken. Sie, Herr Borstig, haben kein Niveau! Und außerdem wird Norbert Nackendick sich ganz gewiss nicht einfach – wie Sie es auszudrücken belieben – platt klopfen lassen wie ein Pfannkuchen. Er wird sich natürlich zur Wehr setzen und vorher einige der verehrten Anwesenden platt klopfen oder auf sein Horn spießen.«

»Na ja«, grunzte Berthold Borstig, »mit Opfern muss man rechnen.«

»Wer Lust hat, zu den Opfern zu gehören«, fuhr Aida Rüsselzart fort, »der möge vortreten!«

Niemand trat vor, nicht einmal Berthold Borstig.

Die Elefantendame nickte bedeutungsvoll und sagte nichts als: »Na bitte!«

»Der Vorschlag von Berthold Borstig ist abgelehnt«, brüllte der Löwe. »Der Nächste, bitte!«

Nun trat ein alter Marabu vor, dessen kahler Kopf vom vielen Nachdenken schon ein wenig schimmlig aussah. Er hieß Professor Eusebius Schlammbohrer. Der Marabu verbeugte sich steif nach allen Seiten und begann: »Sehr verehrte Anwesende, liebe Kollegen! – Ähäm! – Nach meiner absolut maßgeblichen Meinung ist das vorliegende Problem nur auf eine pathomelanzanische Art und Weise zu lösen. – Ähäm! – Wie ich schon in meinem weltbekannten Werk über die kathaklystische Aciphoplasis debrophiler Skleptotomien demonstriert habe ...«

Ein Seufzen ging durch die Versammlung, denn jedermann wusste, dass Professor Schlammbohrer stets sehr lang und unverständlich redete, unverständlich nicht nur wegen seines krächzenden Organs, sondern vor allem wegen seiner hochwissenschaftlichen Ausdrucksweise.

»Ich fasse also zusammen«, schloss er nach einer beträchtlichen Weile. »Es handelt sich bei Norbert Nackendick um eine sogenannte spezifische urebolane Psymulation der kaurephatomalistischen Emphysis, welchselbige mit Sicherheit durch semantische Kommunikation symboturmiert oder sogar zur Gänze extrospinatisiert werden kann.«

Er verbeugte sich und wartete sichtlich auf Beifall, der aber ausblieb.

»Sehr interessant, lieber Professor«, sagte Richard Rachenrau und versuchte ein Gähnen zu unterdrücken, wobei er sich nachlässig die Pranke vor das Maul hielt, »sehr interessant, aber können Sie den Laien unter uns vielleicht in einfachen Worten sagen, was wir tun sollen?«

»Je nun – ähäm! – das ist freilich schwierig«, kakelte der Marabu und kratzte sich verlegen mit der Kralle seinen schimmligen Kopf, »ich habe ausgeführt, dass man – ähäm! –, sozusagen volkstümlich formuliert – ähäm! –, einfach einmal mit dem Nashorn gütig reden müsste, dass man ihm – ähäm! – freundlich erklären müsste, wie unglücklich es sich in Wahrheit fühlt, dadurch dass es so ist, wie es ist.«

»Versuchen Sie's doch mal!«, rief die Hyäne Gretchen Grausig und lachte.

»Mein Leben«, sprach der Professor in strafendem Ton, »ist der reinen Forschung geweiht. Die praktische Ausführung – ähäm! – überlasse ich selbstverständlich anderen.«

Damit war auch dieser Vorschlag abgelehnt. Professor Eusebius Schlammbohrer zuckte gekränkt die Flügel und stolzierte auf dünnen Beinen zu seinem Platz.

Nun meldete sich ein Erdhörnchen zu Wort, das von seiner zahlreichen Familie umgeben war und Herkules Hupf hieß.

»Wie wär's denn«, quietschte es, »wenn wir eine Fallgrube buddeln täten? Da fällt das Nashorn dann rein und muss drinbleiben, bis es schwarz wird – oder sich bessert.«

»Hm«, machte der Löwe, »wo wollt ihr die Fallgrube denn graben?«

Herkules Hupf spuckte unternehmungslustig in die Pfoten und piepste: »Na, da natürlich, wo der Kerl jeden Tag spazieren geht. Er ist ja so ein Gewohnheitstier, dass er immer nur denselben Trampelpfad benutzt.«

»Und wie lang«, fragte Richard Rachenrau sanft, »braucht ihr, bis eine Grube fertig ist, in die das Nashorn hineinpasst?«

Herkules Hupf rechnete kurz im Kopf nach und meinte dann: »So ungefähr mindestens zehn Tage oder mehr.«

Wieder lachte die Hyäne Gretchen Grausig auf ihre unerfreuliche Art

und rief: »Und inzwischen, meint ihr, wird Norbert daneben stehen und euch friedlich zugucken? Er wird euch aufs Horn spießen oder platt treten, das wird er tun! In eure Grube wird er jedenfalls nicht fallen. So dumm ist nicht mal er.«

Richard Rachenrau lächelte grimmig und winkte nur mit der Tatze ab, worauf Herkules Hupf sich kleinlaut zurückzog.

Es folgte nun noch ein Dutzend weiterer Vorschläge von anderen Tieren, aber bei genauerer Prüfung zeigte sich, dass kein einziger wirklich durchführbar war. Schließlich breitete sich ratloses Schweigen in der Versammlung aus.

Da trat die Gazelle Dolores Immerscheu vor, blickte mit tränenfeuchten Augen von einem zum andern und sagte leise: »Es bleibt uns also nur noch das eine. Wir packen unsere Siebensachen und ziehen in eine andere Gegend, wo wir vor Norbert Nackendick sicher sind.«

»Flucht?«, brüllte Richard Rachenrau und warf der armen Dolores einen so zornglühenden Blick zu, dass diese sich einer Ohnmacht nahe fühlte. »Das kommt überhaupt nicht infrage!«

Kaum aber hatte er ausgeredet, da war aus der Ferne ein seltsames Getöse zu hören, das sich rasch näherte, ein Schnauben und Grunzen, ein Rasseln und Stampfen, ein Splittern und Krachen, als käme ein Erdbeben auf die Versammlung zu. Und dann erscholl Norbert Nackendicks Wutgebrüll: »Ihr hinterhältige Bande! Jetzt hab ich euch erwischt! Ha, für wie dumm haltet ihr mich? Glaubt ihr, ich merke nicht, dass ihr hinter meinem Rücken Angriffspläne gegen mich schmiedet? Aber da müsst ihr früher aufstehen! Jetzt werde ich euch ein für alle Mal zeigen, was es heißt, mich herauszufordern! Jetzt werde ich unter euch aufräumen!«

Diese Drohung konnte Norbert allerdings gottlob nicht wahrmachen, denn als er in dem Talkessel ankam, war kein einziges Tier mehr zu sehen. Auch der Löwe und sogar die Elefanten hatten es vorgezogen, eilends das Feld zu räumen. Das Nashorn musste sich damit begnügen, einige Palmen in streichholzdünne Spreißel zu zerfetzen, um seine Wut an irgendetwas auszulassen. Danach trottete es höchst unbefriedigt durch die Mondnacht heimwärts, wobei es unterwegs immer wieder nach allen Richtungen durch die Steppe grölte: »Wehe jedem, der sich hier noch mal blicken lässt! Meine Geduld ist zu Ende! Aus jedem, den ich erwische, mach ich Hackfleisch, aus jedem! Merkt's euch, ihr feige, hinterhältige Bande!«

Diese Worte verfehlten nicht, auf alle, die sie hörten, nachhaltigen Eindruck zu machen, denn niemand zweifelte daran, dass das Nashorn seine Drohungen wahr machen würde. Man konnte ihm manches nachsagen, nur nicht Mangel an Konsequenz.

Viele Tiere, vor allem die sanften und weniger wehrhaften, überlegten sich, dass die Gazelle Dolores eigentlich doch nicht so unrecht gehabt hätte, und wanderten noch in der nämlichen Nacht mit ihren Familien in andere Gegenden aus, wo sie vor Norbert Nackendick sicher waren. Das sprach sich schnell herum, weitere Tiere schlossen sich an, und je mehr fortzogen, desto mehr Angst bekamen die wenigen, die noch zurückgeblieben waren. Zuletzt sagte sich auch Richard Rachenrau, dass er ganz allein gegen das rabiate Nashorn nichts ausrichten könne, und machte sich eines Nachts mit seiner Gemahlin und seinen drei Jungen auf die Reise.

Und nun war weit und breit niemand mehr. Außer Norbert Nackendick.

Und noch jemand.

Dieser Jemand war allerdings daran gewöhnt, fast immer übergangen zu werden, erstens, weil er sehr klein war, zweitens aber, weil er einen Beruf ausübte, den jeder zwar für nützlich und angenehm, gleichzeitig aber auch für so unfein hielt, dass es sich einfach nicht schickte, ihn auch nur zu erwähnen.

Das war Karlchen Klammerzeh, der Madenhacker. Er war ein kleiner Vogel mit einem knallroten, sehr respektlosen Schnabel. Er lebte davon, dass er auf den Rücken der Büffel, Elefanten und Nilpferde herumspazierte, an ihren Seiten auf und nieder kletterte und alles Ungeziefer fortpickte, das sich dort festgesetzt hatte.

Karlchen Klammerzeh war also auch noch da. Er hatte keine Angst vor Norbert Nackendick, denn er war viel zu klein und zu flink, als dass das Nashorn ihm etwas hätte tun können. Aber es ärgerte ihn, dass Norbert ihm seine gesamte Kundschaft vertrieben hatte, und deshalb hatte er sich einen Plan ausgedacht, wie er auf seine Weise mit dem Nashorn fertigwerden könnte.

Er flog zu ihm hin, setzte sich auf das vordere, große Horn auf Norberts Nase, wetzte seinen frechen Schnabel daran und zwitscherte: »Na, wie fühlt man sich so als Sieger?«

Norbert schielte böse zu ihm hinauf und grunzte: »Weg da! Ich bitte mir Respekt aus! Verschwinde, und zwar schleunigst!«

»Sachte, sachte«, sagte Karlchen. »Da bist du nun also unumschränkter Alleinherrscher, Norbertchen. Du hast wirklich und wahrhaftig einen großen Sieg errungen. Aber fehlt dir nicht noch was?«

»Nicht dass ich wüsste«, knurrte Norbert.

»Doch«, sagte Karlchen, »eines fehlt dir noch, was jeder Sieger und jeder Herrscher unbedingt haben muss: ein Denkmal.«

»Ein was?«, fragte Norbert.

»Weißt du«, zwitscherte Karlchen, »ein Sieger oder ein Herrscher, der kein Denkmal hat, ist gar kein richtiger Sieger oder Herrscher. Deshalb wird überall auf der Welt solchen bedeutenden Persönlichkeiten, wie du eine bist, ein Denkmal errichtet. Das solltest du auch tun.« Norbert starrte dösig vor sich hin, wie immer, wenn er scharf nachdachte. Dieser Vogel hatte zweifellos recht. Er, Norbert Nackendick, war Sieger und Herrscher und vor allem eine bedeutende Persönlichkeit. Und ein Denkmal wollte er nun auch haben.

»Wo kriegt man denn so ein Dings her?«, fragte er.

Karlchen Klammerzeh plusterte sich. »Tja, in deinem Fall ist das na-

türlich schwierig, weil leider niemand mehr da ist, um dir eins zu errichten. Du musst es dir schon selbst machen.«

»Und wie?«, wollte Norbert wissen.

»Erstens muss es dir möglichst ähnlich sein«, sagte Karlchen, »damit man auch sieht, wessen Denkmal es überhaupt ist. Kannst du dich selbst schnitzen oder aus Stein meißeln?«

»Nein«, gab Norbert zu, »kann ich nicht.«

»Schade«, meinte Karlchen, »dann kannst du eben kein Denkmal haben.«

»Ich will aber eins«, grunzte Norbert erbost. »Denk gefälligst nach!«

Karlchen tat so, als ob er tief nachdächte, und ging mit auf dem Rücken verschränkten Flügeln auf Norberts Kopf auf und ab. »Eine Möglichkeit gibt es vielleicht noch«, sagte er schließlich, »aber ich fürchte, sie ist zu anstrengend für dich.«

»Für mich«, schnaufte Norbert ungeduldig, »ist nichts zu anstrengend. Also, sag schon!«

»Du musst selbst dein eigenes Denkmal sein«, sagte Karlchen.

»Aha«, grunzte Norbert und starrte wieder dösig vor sich hin. Er brauchte eine Weile, bis er Karlchens Vorschlag begriffen hatte, aber dann gefiel er ihm. Er wurde geradezu guter Laune. »Was muss ich also tun?«, fragte er.

»Du musst«, erklärte Karlchen, »auf einen hohen Sockel steigen, sodass du weithin sichtbar bist. Und dann musst du dich ruhig halten, als ob du aus Erz gegossen wärst, verstehst du?«

»Klar«, grunzte Norbert und trabte los. Nicht weit lag ein gewaltiger Felsbrocken auf der Steppe. Dort hinauf kletterte Norbert und stellte sich in Positur.

Karlchen begutachtete ihn von allen Seiten aus der Entfernung. »Das linke Hinterbein noch etwas anheben«, rief er, »so ist es sehr gut! Jetzt den Kopf noch ein wenig höher! Du musst stolz und sieghaft in die Ferne blicken.«

»Ich bin aber kurzsichtig«, knurrte Norbert.

»Dann blickst du eben in die Zukunft«, meinte Karlchen. »Außerdem ist es ganz gleich, denn ein Denkmal soll ja nicht sehen, sondern aussehen. So ist es fabelhaft. Du wirkst imposant. Halt! Jetzt nicht mehr bewegen!«

Er flog zu Norbert und setzte sich wieder auf dessen großes Horn. »Jetzt hast du alles, was ein Herrscher haben muss«, sagte er, »sogar ein richtiges Denkmal, und was für eins. Darum kann dich nur jeder beneiden. Alle kommenden Geschlechter werden bewundernd zu dir aufblicken und ehrfürchtig flüsternd deinen Namen nennen, Norbert Nackendick! Außer natürlich, du wirst gestürzt oder dein Denkmal, aber das käme auf eins heraus.«

Das Nashorn, das sich ja nicht mehr bewegen durfte, schielte besorgt zu Karlchen Klammerzeh hinauf und murmelte, ohne die Lippen zu bewegen: »Was heißt denn das?«

»Na ja«, zwitscherte Karlchen vergnügt, »es kommt vor, dass Herrscher gestürzt werden, zum Beispiel durch Revolution. Und wenn ein Herrscher gestürzt ist, dann wird natürlich auch sein Denkmal gestürzt. Denn wenn einer das Denkmal eines Herrschers, der nicht gestürzt ist, stürzen würde, dann käme der Betreffende natürlich sofort ins Gefängnis oder er würde hingerichtet. Außer, er flieht rechtzeitig.«

»Moment mal«, sagte Norbert, »wie war das?«

»Ach«, meinte Karlchen beiläufig, »mach dir darüber keine Sorgen, Dickerchen. Wer sollte dich schon stürzen? Oder dein Denkmal, was ja, wie gesagt, auf das Gleiche herauskommt. Außer, du stürzt dich selbst.«

»Wieso?«, fragte Norbert verstört. »Wieso außer ich selbst?«

»Wenn du zum Beispiel hier heruntersteigst«, antwortete Karlchen, »dann hast du doch dein Denkmal gestürzt. Entweder bist du dann noch Herrscher oder nicht. Wenn du dich als Herrscher gestürzt hast, dann musst du dich hinrichten, weil das bei Revolutionen so üblich ist. Wenn du aber nur dein Denkmal gestürzt hast, dann musst du dich hinrichten, weil du ja noch Herrscher bist. Außer, du fliehst rechtzeitig, ehe du dich selbst gefangen nehmen kannst. Das ist doch ganz klar, nicht wahr?«

»Verdammt«, murmelte Norbert, »so schwierig hatte ich mir das nicht vorgestellt.«

»Tja«, sagte Karlchen, »deshalb bekommen ja auch nur die bedeutendsten Persönlichkeiten Denkmäler. Aber du hast ja nun genug Zeit, um über alles gründlich nachzudenken. Leb wohl, Dickerchen! Ich such mir jetzt auch ein anderes Land, wo ich meinem Beruf mit mehr Aussicht auf Erfolg nachgehen kann. Denn von dir allein werde ich leider nicht satt.«

Damit flog der Vogel davon und sein Zwitschern klang wie ein helles Gelächter.

Norbert Nackendick aber blieb als sein eigenes Denkmal stehen und wagte nicht, sich zu rühren.

Es kam die Abendröte,
es kam der Mondenschein,
es kam das Morgenrot,
und es kam die Mittagsglut.

Norbert stand immer noch wie aus Erz gegossen und blickte stolz und sieghaft in die Zukunft, obwohl er kurzsichtig war. Er war sehr zufrieden, dass er ein Denkmal hatte.

Und so stand er nun durch viele Tage und Nächte und döste vor sich hin. Er hätte viel darum gegeben, sich einmal selbst zu sehen, wenn schon niemand anderer da war, der ihn bewunderte. Gewiss bot er einen wahrhaft erhabenen Anblick!

Nach und nach jedoch bekam er Appetit, sehr heftigen Appetit, ganz unerträglichen Appetit sogar.

Ob ich nur mal schnell hinuntersteige, dachte er, und einen Mundvoll Gras zu mir nehme? Es sieht ja keiner.

Doch im gleichen Augenblick erschrak er tief über sich selbst. Das hieß ja, er war im Begriff, sein eigenes Denkmal zu stürzen – oder vielmehr, sich selbst als Herrscher. Oder wie war das gewesen? Er begann zu grübeln.

Es kam die Abendröte,
es kam der Mondenschein,
es kam das Morgenrot,
und es kam die Mittagsglut.

Norbert stand da und versuchte, seine Gedanken zu ordnen. Wenn er hinunterstieg, dann stürzte er sich selbst, so oder so. Wenn er sich als Denkmal stürzte, dann musste er als Herrscher sich selbst gefangen nehmen und hinrichten. Außer, er floh rechtzeitig, ehe er als Herrscher etwas davon merkte. Aber das ging ja nicht. Stürzte er sich als Herrscher, dann musste er vor sich als Aufrührer fliehen, sonst würde er sich selbst einsperren und hinrichten. Aber konnte er denn fliehen, ohne dass er selbst es merkte? Das ging auch nicht. Also musste er auf jeden Fall stehen bleiben, ohne sich zu bewegen, sonst gab es ein Unglück, so oder so.

Da aber sein verzweifelter Appetit von diesem Entschluss kein bisschen weniger wurde, begann Norbert Nackendick langsam misstrauisch zu werden, misstrauisch gegen sich selbst. Sollte er am Ende gar selbst sein gefährlichster Feind sein? Hatte er das bisher nur noch nie bemerkt? Er beschloss, sich auf jeden Fall scharf zu bewachen und sich selbst keine Sekunde aus dem Auge zu lassen, nicht einmal im Schlaf. Ha, er wollte schon mit sich fertigwerden!

Man konnte Norbert Nackendick tatsächlich manches nachsagen, nur nicht Mangel an Konsequenz.

Aber all seine Wachsamkeit gegen sich selbst konnte nicht verhindern, dass er im Lauf der Zeit immer mehr abmagerte und nach und nach innerhalb seiner gewaltigen Panzerhülle zu einem armseligen Häuflein Elend zusammenschrumpfte.

Eines Nachts – es war stockdunkel, denn am Himmel hatten sich schwarze Wolken zusammengezogen, und ein Gewitter stand bevor – war Norbert Nackendick so mager und klein geworden und obendrein so müde und schwach, dass er sich einfach nicht mehr aufrecht halten konnte. Er plumpste zu Boden, aber siehe da – der Panzer blieb stehen!

Norbert, oder das, was von ihm noch übrig war, fiel einfach aus der Unterseite der gewaltigen Rüstung heraus und kollerte den Felsblock hinunter. Der Sturz tat ihm ziemlich weh, denn ohne Panzer war Norberts Haut weich und nackt wie die eines Ferkels. Trotzdem war er froh, dass es so gekommen war, denn nun war sein Denkmal ja nicht gestürzt und er konnte dennoch essen.

»Nur schade«, sprach er zu sich selbst, »dass es so finster ist. Ich würde gern sehen, wie ich mich dort oben ausnehme.«

In diesem Augenblick fuhr der erste Blitz des Gewitters nieder und erleuchtete die Steppe für einen Augenblick taghell. Und Norbert erblickte auf dem Felsblock oben etwas, das er noch nie gesehen hatte, weil es in der afrikanischen Steppe keine Spiegel gibt. Er erblickte wahrhaftig seinen schlimmsten Feind!

»Hilfe!«, schrie er gellend, und vor Entsetzen vergaß er, dass er Hunger hatte und dass er müde war, und er rannte davon, so schnell ihn seine schwachen Beinchen trugen, rannte nackt, wie er war, quer durch die Steppe, durch die Wüste, durch den Urwald und hörte nicht mehr zu laufen auf, denn wie alle anderen Tiere, so wollte nun auch er in ein Land, in dem er vor sich selbst sicher war.

Was aus ihm geworden ist? Wer weiß? Vielleicht läuft er noch immer durch die Welt, vielleicht hat er aber auch inzwischen irgendwo das Land gefunden, das er suchte, und ein neues Leben angefangen. Ohne Panzer. Wer einmal einem nackten Nashorn begegnet, der kann es ja fragen.

Nun bleibt nur noch zu berichten, dass die anderen Tiere im Laufe der Zeit wieder zurückkamen, nachdem sich herumgesprochen hatte, dass das Denkmal hohl war.

Sie haben es übrigens nicht gestürzt. Sie haben es stehen lassen für alle kommenden Geschlechter – zur Warnung.

# Ein sehr kurzes Märchen

Hänsel und Knödel,
die gingen in den Wald.
Nach längerem Getrödel
rief Hänsel plötzlich: »Halt!«

Ihr alle kennt die Fabel,
des Schicksals dunklen Lauf:
Der Hänsel nahm die Gabel
und aß den Knödel auf.

# Ein Königreich

Es war einmal ein König, dessen ganzes Reich war nicht größer als ein Daumennagel, aber es war eben doch ein richtiges Königreich. Genau gesagt lag es sogar auf seinem linken Daumennagel, das war praktisch, denn so konnte er es jederzeit besichtigen – mit einem Vergrößerungsglas natürlich. Wenn der König das Reich besichtigte, dann wurden im ganzen Land die Glocken geläutet, die Böller geschossen, die Armee marschierte zur Parade auf, und die Bürger warfen ihre Hüte in die Luft und riefen »Vivat«. Es war aber andererseits auch wieder nicht so praktisch, denn der König musste seine linke Hand immer sehr sorgfältig vor sich hin halten, damit das Reich nicht herunterfiel.

## Die Rüpelschule

Im Lande Hule-Sule,
zehntausend Tagereisen weit,
da gibt es eine Schule
für Ungezogenheit.
Da prahlt man und protzt man,
da motzt man und trotzt man,
und wer dort am lautesten tobt,
wird sehr von den Lehrern gelobt.

Erst sind die Kinder reinlich,
bescheiden, still und artig nur.
Es klingt ganz unwahrscheinlich:
So sind sie von Natur!
Und erst in der Schule
im Land Hule-Sule
lernt jedes mit Mühe und Fleiß,
was hier schon das kleinste Kind weiß.

Erst lernt man dort die Sitte,
dass man sich nimmt, bevor man fragt,
und dass man auch nicht Bitte
und niemals Danke sagt.
Beim Essen zu schmatzen,
dazwischenzuschwatzen,
das lernen die meisten im Nu;
zu dumm ist fast keines dazu.

Doch in den nächsten Klassen,
da übt man, wie man sich beschmutzt.
Man muss die Seife hassen,
kein Wasser man benutzt.
Der Hals samt den Ohren
bis tief in die Poren
muss schwarz sein so wie das Gesicht:
So lautet die bittere Pflicht!

Nun wird die Sache schwierig,
weil man jetzt auch noch lernen soll:
Wie macht man Möbel schmierig
und saut die Wohnung voll?
Das Spritzen und Matschen,
das Kleckern und Platschen,
wer das nicht beherrscht wie im Schlaf,
bleibt sitzen und gilt als ein Schaf.

Und weiter ohne Säumen
studiert man nun die Schlamperei:
Sein Zeug nicht aufzuräumen,
das ist die Kunst dabei!
Den Kamm zu den Würsten,
das Buch zu den Bürsten,
wirf alles dorthin, wo es stört -
nur ja nicht, wohin es gehört!

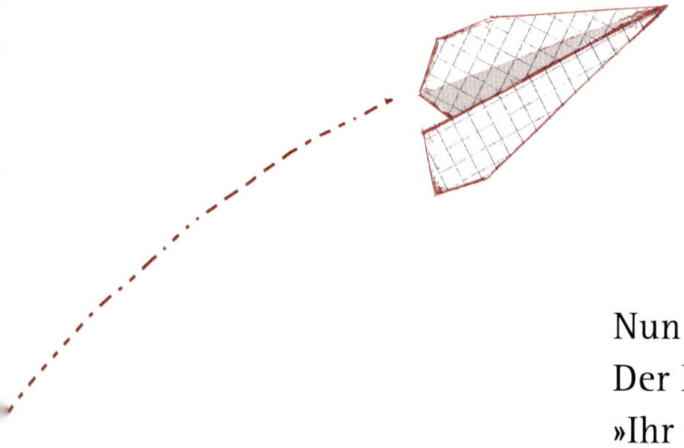

Nun gilt's, gut aufzupassen!
Der Lehrer spornt die Kinder an:
»Ihr müsst euch gehen lassen,
sonst kommt ihr nie voran!«
Sich fläzen und räkeln
und quengeln und mäkeln,
wie fallt das doch manchen so schwer!
Da schwitzen die Kinder schon sehr.

Das große Nerven-Sägen
erlernen nur die Besten gut:
Sich auf den Boden legen
und strampeln voller Wut.
Auch Heulen und Maulen
und Kreischen und Jaulen,
Krakeelen und Poltern mit Kraft
manch einer hat's niemals geschafft!

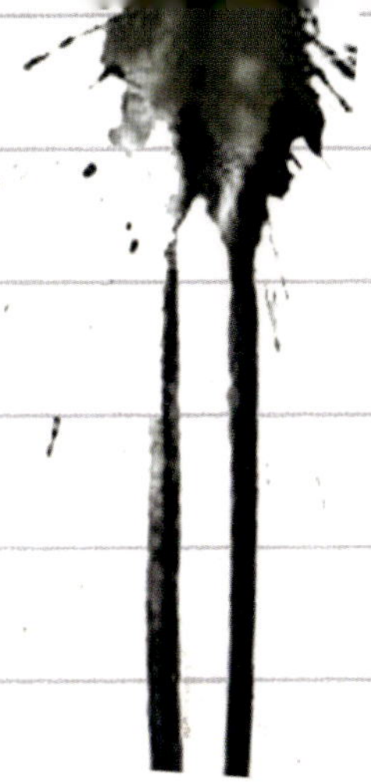

Zum Schlusse prüft man jeden
sehr streng in Bosheit, Zank und Streit,
Zerstören, frechen Reden
und Rücksichtslosigkeit
wie Schubsen und Drängeln
und Nasenzerdängeln!
Nur wer das Examen bestand,
wird rühmlich zum »Rüpel« ernannt!

Ich kenne ein paar Kinder,
(dabei hab ich nicht dich im Sinn)
für die wär's viel gesünder,
man schickte sie dorthin.
Doch fern liegt das Land
Hule-Sule genannt,
drum müssen bei uns sie versauern,
was wir nur mit ihnen bedauern.

## Das erste Rätsel

Sag, weißt du, was das ist, mein Kind:
Stets läuft es vor dir her geschwind
und kommt doch immer auf dich zu,
ganz ohne Füß und ohne Schuh!

Was du auch tust, wo du auch bist –
stets ist es nah, doch niemals da;
denn ist es da, dann ist es ja
nicht mehr, was es gewesen ist.

Es naht, doch nicht von Süd noch Nord,
auch nicht von Ost und West, das Wort.
Und keine irdischen Gewalten
sind stark genug, es aufzuhalten.

Verzagte fürchten's meistens sehr.
Der Hoffende wünscht es sich her.
Du kennst es wohl, doch kennst du's nie,
sprichst du von ihm, ist's Phantasie.

Niemals erlebst du's, das ist wahr,
und würdest du auch hundert Jahr!
Und doch erlebst du's jeden Tag,
so lang dein Leben währen mag.

alt
genstand

## Momo – Zweites Kapitel

### Eine ungewöhnliche Eigenschaft und ein ganz gewöhnlicher Streit

Von nun an ging es der kleinen Momo gut, jedenfalls nach ihrer eigenen Meinung. Irgendetwas zu essen hatte sie jetzt immer, mal mehr, mal weniger, wie es sich eben fügte und wie die Leute es entbehren konnten. Sie hatte ein Dach über dem Kopf, sie hatte ein Bett und sie konnte sich, wenn es kalt war, ein Feuer machen. Und was das Wichtigste war: Sie hatte viele gute Freunde.

Man könnte nun denken, dass Momo ganz einfach großes Glück gehabt hatte, an so freundliche Leute geraten zu sein, und Momo selbst war durchaus dieser Ansicht. Aber auch für die Leute stellte sich schon bald heraus, dass sie nicht weniger Glück gehabt hatten. Sie brauchten Momo und sie wunderten sich, wie sie früher ohne sie ausgekommen waren. Und je länger das kleine Mädchen bei ihnen war, desto unentbehrlicher wurde es ihnen, so unentbehrlich, dass sie nur noch fürchteten, es könnte eines Tages wieder auf und davon gehen.

So kam es, dass Momo sehr viel Besuch hatte. Man sah fast immer jemand bei ihr sitzen, der angelegentlich mit ihr redete. Und wer sie brauchte und nicht kommen konnte, schickte nach ihr, um sie zu holen. Und wer noch nicht gemerkt hatte, dass er sie brauchte, zu dem sagten die andern: »Geh doch zu Momo!«

Dieser Satz wurde nach und nach zu einer feststehenden Redensart bei den Leuten der näheren Umgebung. So wie man sagt: »Alles Gut!« oder »Gesegnete Mahlzeit!« oder »Weiß der liebe Himmel!«, genauso sagte man also bei allen möglichen Gelegenheiten: »Geh doch zu Momo!« Aber warum?

War Momo vielleicht so unglaublich klug, dass sie jedem Menschen einen guten Rat geben konnte? Fand sie immer die richtigen Worte, wenn jemand Trost brauchte? Konnte sie weise und gerechte Urteile fällen?

Nein, das alles konnte Momo ebenso wenig wie jedes andere Kind.

Konnte Momo dann vielleicht irgendetwas, das die Leute in gute Laune versetzte? Konnte sie zum Beispiel besonders schön singen? Oder konnte sie irgendein Instrument spielen? Oder konnte sie – weil sie doch in einer Art Zirkus wohnte – am Ende gar tanzen oder akrobatische Kunststücke vorführen?

Nein, das war es auch nicht.

Konnte sie vielleicht zaubern? Wusste sie irgendeinen geheimnisvollen Spruch, mit dem man alle Sorgen und Nöte vertreiben konnte? Konnte sie aus der Hand lesen oder sonst wie die Zukunft voraussagen?

Nichts von alledem.

Was die kleine Momo konnte wie kein anderer, das war: zuhören. Das ist nichts Besonderes, wird nun vielleicht mancher Leser sagen, zuhören kann doch jeder.

Aber das ist ein Irrtum. Wirklich zuhören können nur ganz wenige Menschen. Und so wie Momo sich aufs Zuhören verstand, war es ganz und gar einmalig.

Momo konnte so zuhören, dass dummen Leuten plötzlich sehr gescheite Gedanken kamen. Nicht etwa, weil sie etwas sagte oder fragte, was den anderen auf solche Gedanken brachte, nein, sie saß nur da und hörte einfach zu, mit aller Aufmerksamkeit und Anteilnahme. Dabei schaute sie den anderen mit ihren großen, dunklen Augen an und der Betreffende fühlte, wie in ihm auf einmal Gedanken auftauchten, von denen er nie geahnt hatte, dass sie in ihm steckten.

Sie konnte so zuhören, dass ratlose oder unentschlossene Leute auf einmal ganz genau wussten, was sie wollten. Oder dass Schüchterne sich plötzlich frei und mutig fühlten. Oder dass Unglückliche und Bedrückte zuversichtlich und froh wurden. Und wenn jemand meinte, sein Leben sei ganz verfehlt und bedeutungslos und er selbst nur irgendeiner unter Millionen, einer, auf den es überhaupt nicht ankommt und der ebenso schnell ersetzt werden kann wie ein kaputter Topf – und er ging hin und erzählte alles das der kleinen Momo, dann wurde ihm, noch während er redete, auf geheimnisvolle Weise klar, dass er sich gründlich irrte, dass es ihn, genauso wie er war, unter allen Menschen nur ein einziges Mal gab und dass er deshalb auf seine besondere Weise für die Welt wichtig war.

So konnte Momo zuhören!

Eines Tages kamen zwei Männer zu ihr ins Amphitheater, die sich auf den Tod zerstritten hatten und nicht mehr miteinander reden wollten, obwohl sie Nachbarn waren. Die anderen Leute hatten ihnen geraten, doch zu Momo zu gehen, denn es ginge nicht an, dass Nachbarn in Feindschaft lebten. Die beiden Männer hatten sich anfangs geweigert und schließlich widerwillig nachgegeben.

Nun saßen sie also im Amphitheater, stumm und feindselig, jeder auf einer anderen Seite der steinernen Sitzreihen, und schauten finster vor sich hin.

Der eine war der Maurer, von dem der Ofen und das schöne Blumenbild in Momos »Wohnzimmer« stammten. Er hieß Nicola und war ein starker Kerl mit einem schwarzen, aufgezwirbelten Schnurrbart. Der andere hieß Nino. Er war mager und sah immer ein wenig müde aus. Nino war Pächter eines kleinen Lokals am Stadtrand, in dem meistens nur ein paar alte Männer saßen, die den ganzen Abend an einem einzigen Glas Wein tranken und von ihren Erinnerungen redeten. Auch Nino und dessen dicke Frau gehörten zu Momos Freunden und hatten ihr schon oft etwas Gutes zu essen gebracht.

Da Momo nun merkte, dass die beiden böse aufeinander waren, wusste sie zunächst nicht, zu welchem sie zuerst hingehen sollte. Um keinen zu kränken, setzte sie sich schließlich in gleichem Abstand von beiden auf den Rand der steinernen Bühne und schaute die zwei abwechselnd an. Sie wartete einfach ab, was geschehen würde. Manche Dinge brauchen ihre Zeit – und Zeit war ja das Einzige, woran Momo reich war.

Nachdem die Männer lang so gesessen hatten, stand Nicola plötzlich auf und sagte: »Ich geh. Ich hab meinen guten Willen gezeigt, indem ich überhaupt gekommen bin. Aber du siehst, Momo, er ist verstockt. Wozu soll ich noch länger warten?« Und er wandte sich tatsächlich zum Gehen.

»Ja, mach, dass du wegkommst!«, rief Nino ihm nach. »Du hättest erst gar nicht zu kommen brauchen. Ich versöhne mich doch nicht mit einem Verbrecher!«

Nicola fuhr herum. Sein Gesicht war puterrot vor Zorn.

»Wer ist hier ein Verbrecher?«, fragte er drohend und kam wieder zurück. »Sag das noch mal!«

»Sooft du nur willst!«, schrie Nino. »Du glaubst wohl, weil du stark und brutal bist, wagt niemand dir die Wahrheit ins Gesicht zu sagen? Aber ich, ich sage sie dir und allen, die sie hören wollen! Ja, nur zu, komm doch her und bring mich um, wie du es schon mal tun wolltest!«

»Hätt ich's nur getan!«, brüllte Nicola und ballte die Fäuste. »Aber da siehst du, Momo, wie er lügt und verleumdet! Ich hab ihn nur beim Kragen genommen und in die Spülwasserpfütze hinter seiner Spelunke geschmissen. Da drin kann nicht mal eine Ratte ersaufen.« Und wieder zu Nino gewandt, schrie er: »Leider lebst du ja auch noch, wie man sieht!«

Eine Zeit lang gingen die wildesten Beschimpfungen hin und her und Momo konnte nicht schlau daraus werden, worum es überhaupt ging und weshalb die beiden so erbittert aufeinander waren. Aber nach und nach kam heraus, dass Nicola diese Schandtat nur begangen hatte, weil Nino ihm zuvor in Gegenwart einiger Gäste eine Ohrfeige gegeben hatte. Dem war allerdings wieder vorausgegangen, dass Nicola versucht hatte, Ninos ganzes Geschirr zu zertrümmern.

»Ist ja überhaupt nicht wahr!«, verteidigte sich Nicola erbittert. »Einen einzigen Krug hab ich an die Wand geschmissen und der hatte sowieso schon einen Sprung!«

»Aber es war mein Krug, verstehst du?«, erwiderte Nino. »Und überhaupt hast du kein Recht zu so was!«

Nicola war durchaus der Ansicht, in gutem Recht gehandelt zu haben, denn Nino hatte ihn in seiner Ehre als Maurer gekränkt.

»Weißt du, was er über mich gesagt hat?«, rief er Momo zu. »Er hat gesagt, ich könne keine gerade Mauer bauen, weil ich Tag und Nacht betrunken sei. Und sogar mein Urgroßvater wäre schon so gewesen und er hätte am Schiefen Turm von Pisa mitgebaut!«

»Aber Nicola«, antwortete Nino, »das war doch nur Spaß!«

»Ein schöner Spaß!«, grollte Nicola. »Über so was kann ich nicht lachen.«

Es stellte sich jedoch heraus, dass Nino damit nur einen anderen Spaß Nicolas zurückgezahlt hatte. Eines Morgens hatte nämlich in knallroten Buchstaben auf Ninos Tür gestanden: »Wer nichts wird, wird Wirt.« Und das fand wiederum Nino gar nicht komisch.

Nun stritten sie eine Weile todernst, welcher von den beiden Späßen der bessere gewesen sei, und redeten sich wieder in Zorn. Aber plötzlich brachen sie ab.

Momo schaute sie groß an und keiner der beiden konnte sich ihren Blick so recht deuten. Machte sie sich im Inneren lustig über sie? Oder war sie traurig? Ihr Gesicht verriet es nicht. Aber den Männern war plötzlich, als sähen sie sich selbst in einem Spiegel, und sie fingen an sich zu schämen.

»Gut«, sagte Nicola, »ich hätte das vielleicht nicht auf deine Tür schreiben sollen, Nino. Ich hätte es auch nicht getan, wenn du dich nicht geweigert hättest, mir nur ein einziges Glas Wein auszuschenken. Das war gegen das Gesetz, verstehst du? Denn ich habe immer bezahlt und du hattest keinen Grund, mich so zu behandeln.«

»Und ob ich den hatte!«, gab Nino zurück. »Erinnerst du dich nicht mehr an die Sache mit dem heiligen Antonius? Ah, jetzt wirst du blass! Da hast du mich nämlich nach Strich und Faden übers Ohr gehauen und so was muss ich mir nicht bieten lassen.«

»Ich dich?«, rief Nicola und schlug sich wild vor den Kopf. »Umgekehrt wird ein Schuh draus! Du wolltest mich hereinlegen, nur ist es dir nicht gelungen!«

Die Sache war die: In Ninos kleinem Lokal hatte ein Bild an der Wand gehangen, das den heiligen Antonius darstellte. Es war ein Farbdruck, den Nino irgendwann einmal aus einer Illustrierten ausgeschnitten und gerahmt hatte.

Eines Tages wollte Nicola Nino dieses Bild abhandeln – angeblich, weil er es so schön fand. Und Nino hatte Nicola durch geschicktes Feilschen schließlich dazu gebracht, dass dieser seinen Radioapparat zum Tausch bot. Nino lachte sich ins Fäustchen, denn natürlich schnitt Nicola dabei ziemlich schlecht ab. Das Geschäft wurde gemacht.

Nun stellte sich aber heraus, dass zwischen dem Bild und der Rückwand aus Pappdeckel ein Geldschein steckte, von dem Nino nichts gewusst hatte. Jetzt war er plötzlich der Übervorteilte und das ärgerte ihn. Kurz und bündig verlangte er von Nicola das Geld zurück, weil es nicht zu dem Tausch gehört habe. Nicola weigerte sich und daraufhin wollte Nino ihm nichts mehr ausschenken. So hatte der Streit angefangen.

Als die beiden die Sache nun bis zum Anfang zurückverfolgt hatten, schwiegen sie eine Weile.

Dann fragte Nino: »Sag mir jetzt einmal ganz ehrlich, Nicola – hast du schon vor dem Tausch von dem Geld gewusst oder nicht?«

»Klar, sonst hätte ich doch den Tausch nicht gemacht.«

»Dann musst du doch zugeben, dass du mich betrogen hast!«

»Wieso? Hast du denn von dem Geld wirklich nichts gewusst?«

»Nein, mein Ehrenwort!«

»Na, also. Dann wolltest du mich doch hereinlegen. Wie konntest du mir sonst für das wertlose Stück Zeitungspapier mein Radio abnehmen, he?«

»Und wieso hast du von dem Geld gewusst?«

»Ich hab gesehen, wie es zwei Abende vorher ein Gast als Opfergabe für den heiligen Antonius dort hineingesteckt hat.«

Nino biss sich auf die Lippen. »War es viel?«

»Nicht mehr und nicht weniger, als mein Radio wert war«, antwortete Nicola.

»Dann geht unser ganzer Streit«, meinte Nino nachdenklich, »eigentlich bloß um den heiligen Antonius, den ich aus der Zeitung ausgeschnitten habe.«

Nicola kratzte sich am Kopf.

»Eigentlich ja«, brummte er, »du kannst ihn gern wiederhaben, Nino.«

»Aber nicht doch !«, antwortete Nino würdevoll. »Getauscht ist getauscht! Ein Handschlag gilt unter Ehrenmännern !«

Und plötzlich fingen beide gleichzeitig an zu lachen. Sie kletterten die steinernen Stufen hinunter, trafen sich in der Mitte des grasbewachsenen runden Platzes, umarmten einander und klopften sich gegenseitig auf den Rücken. Dann nahmen sie beide Momo in den Arm und sagten: »Vielen Dank !«

Als sie nach einer Weile abzogen, winkte Momo ihnen noch lange nach. Sie war sehr zufrieden, dass ihre beiden Freunde nun wieder gut miteinander waren.

Ein anderes Mal brachte ihr ein kleiner Junge seinen Kanarienvogel, der nicht singen wollte. Das war eine viel schwerere Aufgabe für Momo. Sie musste ihm eine ganze Woche lang zuhören, bis er endlich wieder zu trillern und zu jubilieren begann.

Momo hörte allen zu, den Hunden und Katzen, den Grillen und Kröten, ja, sogar dem Regen und dem Wind in den Bäumen. Und alles sprach zu ihr auf seine Weise.

An manchen Abenden, wenn alle ihre Freunde nach Hause gegangen waren, saß sie noch lange allein in dem großen steinernen Rund des alten Theaters, über dem sich der sternenfunkelnde Himmel wölbte, und lauschte einfach auf die große Stille.

Dann kam es ihr so vor, als säße sie mitten in einer großen Ohrmuschel, die in die Sternenwelt hinaushorchte. Und es war ihr, als höre sie eine leise und doch gewaltige Musik, die ihr ganz seltsam zu Herzen ging.

In solchen Nächten hatte sie immer besonders schöne Träume.

Und wer nun noch immer meint, zuhören sei nichts Besonderes, der mag nur einmal versuchen, ob er es auch so gut kann.

## Ansteckung

Ein Schnurps zu morgendlicher Stund
benimmt sich unerfreulich.
Er ist (ganz ohne tiefern Grund)
unleidig und abscheulich.

Die schlechte Laune lässt er aus
an seiner armen Mutter,
die geht verdrießlich aus dem Haus,
zu kaufen ein Pfund Butter.

Dem Milchmann, welcher freundlich grüßt,
antwortet sie verstimmt,
was diesen wiederum verdrießt,
weil er's persönlich nimmt.

Die nächsten Kunden, die er hat,
knurrt er verärgert an.
Die tragen's weiter in die Stadt,
nach Haus zu Kind und Mann.

Und jeder lässt den Ärger aus
an irgendeinem andern:
Von Tür zu Tür, von Haus zu Haus
wird der Verdruss nun wandern.

Am Abend ist die ganze Stadt
voll Zank und bittrer Reden;
weil jeder sich geärgert hat,
drum schimpft nun jeder jeden.

Das hat der Schnurps wohl nicht bedacht,
was er da angestiftet.
Drum gebe jeder auf sich acht,
wenn er sich einmal giftet!

Die schlechte Laune macht sich breit,
wie Schnupfen steckt sie an.
Dasselbe kann die Freundlichkeit.
Denk nächstes Mal daran!

## Gawa gawa usedump

(Eine traurige Ballade in Kauderwelsch)

Gauschenlada strynd vertoigen,
Gunsd gewach ohs drise Kland.
Unzer afgewysen schloigen
dragomag verduse moigen,
allje Moff, chuntaro fant!

»Usedump«, Gewara sprante,
»Usedump njem drato falp!«
Jedorinzap eschwor glante
meredoll, fjer klam in Brante:
»Usedump – verteuf tsotalb.«

Under Kwaiden, uwy Kwaiden,
sundoch knylink Weretrau!
Gawa, Gawa, mistol schlaiden:
»Were tu, lalamis taiden?
Unlab Kwaiden normastau!«

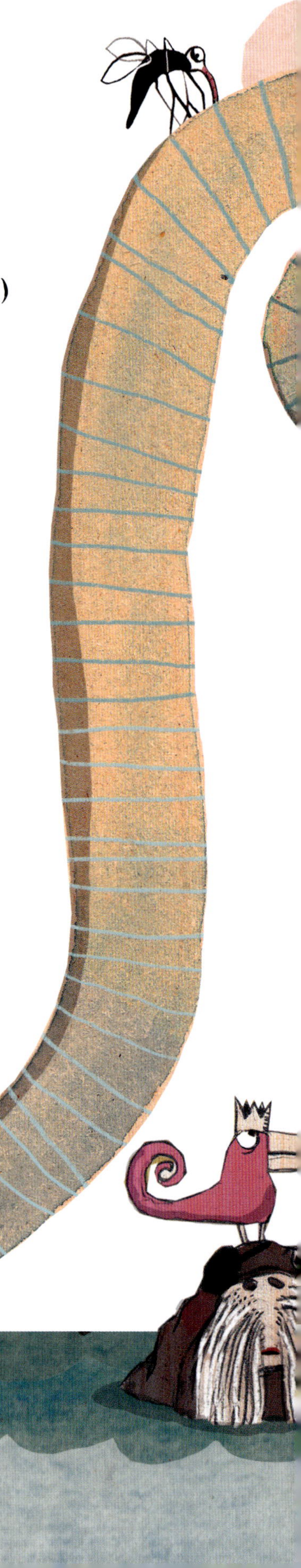

Inzupf namaschwank gehorten
nemelau, affsjets gehals;
Veretonga schmatz un Storten,
niswitz, angesluk insporten:
Vals geneden – nemevals!

Gawa, Gawa, mistol schlaiden,
uffter Schjebol tifel sgrab;
Oredrama wyrd gewaiden:
»Under Kwaiden, uwy Kwaiden,
Usedump gewadal Slap!«

# Lenchens Geheimnis

Lenchen war ein ungemein liebenswürdiges kleines Mädchen, solange ihre Eltern vernünftig waren und folgsam taten, was sie von ihnen verlangte.

Aber das taten sie eben leider fast nie. Sagte das kleine Mädchen (es hieß übrigens Helena) zu seinem Vater: »Gib mir mal fünf Mark, damit ich mir ein großes Eis kaufen kann!«, dann antwortete er: »Nein, denn du hast schon drei gegessen, und zu viel Eis schadet deinem Magen.«

Oder wenn Lenchen ganz freundlich zu ihrer Mutter sagte: »Mama, putz mir gefälligst meine Schuhe!«, dann erwiderte die: »Das mach mal schön selbst, du bist groß genug dafür.«

Oder wenn das Mädchen sagte: »Ich habe beschlossen, dieses Jahr in den Ferien ans Meer zu fahren«, dann erklärten beide: »Wir fahren diesmal lieber ins Gebirge.«

Es stand für Lenchen fest, dass die Dinge nicht so bleiben konnten. Deshalb beschloss sie eines Tages, eine Fee aufzusuchen – ob gut oder böse, war ihr ziemlich egal; Hauptsache, sie konnte wirklich zaubern. Aber wo findet man in einer modernen Großstadt so ohne Weiteres eine richtige Fee? Das ist gar nicht so einfach.

Das kleine Mädchen lief durch eine Menge Straßen und entzifferte mit einiger Mühe (weil es gerade erst lesen lernte) die Schilder über den Geschäften und an den Haustüren.

Da stand zum Beispiel »WOLL-OTTO« oder »SÜDFRÜCHTE« oder »ZAHNARZT« oder »RECHTSANWALT« oder »Staatl. geprf. Masseurin« oder »AURORA-Treuhand GmbH« oder »GIXLMIPF« (oder so ähnlich), aber nirgends stand »FEE«.

Stattdessen stand an einer Straßenecke ein Polizeimann, der gerade ein Auto aufschrieb, das falsch geparkt hatte.

Lenchen trat auf ihn zu und sprach:

»Ich hätte mal eine Frage. Wo gibt es hier eine richtige Fee?«

»Ein Café?«, fragte der Polizeimann zerstreut und schrieb.

»Nein, eine Fee – so eine, die zaubern kann«, erklärte Lenchen.

»Ach so«, sagte der Polizeimann, »eine Zauberfee. Warte mal einen Moment.«

Er schrieb erst fertig, steckte den Zettel hinter den Scheibenwischer, holte ein kleines Büchlein aus der Tasche und blätterte darin, dazu murmelte er: »Fechten ... Federball ... Federhalter ... ah, hier steht es: Fee! ... Franziska Fragezeichen, Beratung in allen Lebensfragen, jede Art von Zauber, Verwünschungen und Erlösungen nach Maß, Sprechstunden jederzeit, Regenstraße 13, Dachgeschoss.«

»Und wo ist die Regenstraße?«, wollte Lenchen wissen.

»Hier geradeaus, zweite Straße links, dann unter der Unterführung durch, nächste Straße rechts, dann das Ganze wieder zurück und dreimal im Kreis herum«, erklärte der Polizeimann freundlich. »Aber du solltest vielleicht besser einen Regenschirm mitnehmen.«

»Danke«, sagte Lenchen und machte sich auf den Weg.

Der genauen Anweisung folgend, fand sie bald die gesuchte Straße, die leicht zu erkennen war, weil es in ihr tatsächlich ständig regnete. Lenchen, die keinen Schirm dabeihatte, war ziemlich durchnässt, als sie schließlich vor der Nr. 13 ankam.

Es war ein seltsames Haus, das musste man schon zugeben, denn es bestand nur aus einer Treppe, die im Freien stand und fünf Stockwerke hinaufführte. Ganz oben war ein Dachgeschoss, das irgendwie über dieser Treppe befestigt war.

Lenchen stieg hinauf und langte vor einer Wohnungstür an, auf der ein Messingschild mit folgender Inschrift zu sehen war:

*Wer zu mir will, ist hier genau richtig. Herein ohne anzuklopfen.*

»Woher«, fragte sich Lenchen, »kann die Fee denn wissen, dass ich zu ihr will? Na ja, weil sie eben eine Fee ist, klar.«

Und sie trat ein, ohne anzuklopfen.

Und wäre beinahe ins Wasser gefallen, denn vor ihren Füßen lag ein himmelblauer See. In weiter Ferne erblickte sie eine Insel. Zum Glück schaukelte ganz in der Nähe am diesseitigen Ufer ein Kahn im Wasser.

Lenchen kletterte hinein, und der Kahn fuhr los, ohne dass sie zu rudern brauchte. (Es waren auch gar keine Ruder da.) Die Geschwindigkeit nahm zu, und die Bugwelle spritzte nach links und rechts wie bei einem Motorboot. (Einen Motor gab es aber auch nicht.) Lenchens Haare flatterten im Wind.

Wenige Minuten später legte der Zauberkahn schon am Ufer der Insel an, und das kleine Mädchen sprang an Land. Da war der Strand plötzlich ein Zimmerboden mit einem Teppich drauf, und in diesem Zimmer saß an einem runden, dreibeinigen Tischchen eine Frau, die gerade Kaffee trank.

Es war übrigens ziemlich dunkel im Raum, weil er nur von ein paar flackernden Kerzen erhellt wurde, die an den Wänden in Leuchtern steckten. Zum Fenster schien der volle Mond

herein. Eine Kuckucksuhr schlug zwölfmal, nur dass der Kuckuck, der aus dem Gehäuse kam, kein Kuckuck war, sondern ein Uhu, der zwölfmal »Uhu!« krächzte.

»Setz dich zu mir, mein Kind«, sagte die Fee, »und sprich!«

»Wieso ist es denn schon so spät?«, fragte Lenchen.

»Es ist Mitternacht«, antwortete die Fee, »weil hier immer Mitternacht ist. Es gibt gar keine andere Zeit.«

Tatsächlich zeigte die Uhr anstelle der anderen Ziffern nur zwölfmal eine Zwölf.

»Das ist sehr praktisch«, erklärte die Fee, »denn man kann bekanntlich nur um Mitternacht richtig zaubern. Das verstehst du doch?«

Lenchen nickte zögernd, die Sache war ihr keineswegs völlig klar.

»Also, worum geht's?«, erkundigte sich Franziska Fragezeichen.

Lenchen setzte sich der Fee gegenüber auf den freien Stuhl an das Tischchen und betrachtete sie forschend.

Eigentlich sah die Frau ganz normal aus – wie irgendeine Frau, die einem auf der Straße begegnete. Trotzdem war etwas Besonderes an ihr, nur konnte Lenchen nicht gleich darauf kommen, was es war. Doch dann bemerkte sie es: Die Fee hatte sechs Finger an jeder Hand.

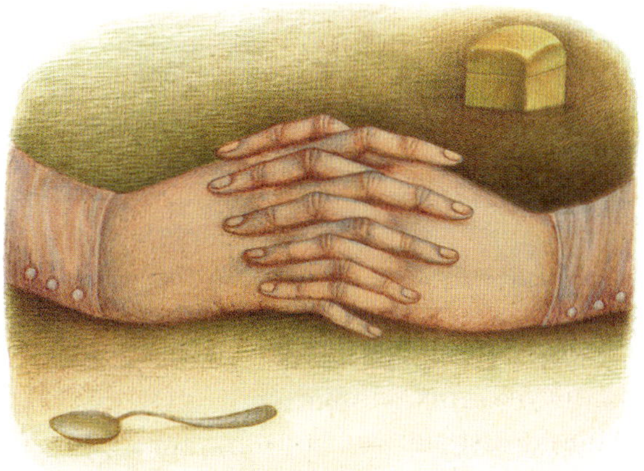

»Mach dir nichts draus«, sagte Franziska Fragezeichen, die Lenchens Blick bemerkt hatte, »bei uns Feen ist immer irgendetwas ein bisschen anders als bei gewöhnlichen Menschen. Sonst wären wir ja keine Feen. Das verstehst du doch?«

Lenchen nickte wieder. »Es geht um meine Eltern«, erklärte sie dann und seufzte. »Ich weiß nicht, was ich mit ihnen machen soll. Sie wollen und wollen mir einfach nicht folgen ...«

»Das ist ja allerhand«, meinte die Fee mitfühlend. »Was kann ich für dich tun?«

»... weil sie nämlich in der Überzahl sind«, fuhr Lenchen fort, »immer zwei gegen einen.«

»Dagegen ist schwer etwas zu machen«, murmelte die Fee gedankenvoll.

»Außerdem sind sie größer als ich«, fügte Lenchen hinzu.

»Das ist bei Eltern meistens so«, bestätigte die Fee.

»Wenn sie kleiner wären als ich«, überlegte Lenchen laut, »wäre die Sache mit der Überzahl vielleicht nicht mehr so wichtig.«

»Zweifelsohne!«, warf die Fee ein.

»Zum Beispiel halb so groß«, schlug Lenchen vor. Franziska Fragezeichen faltete ihre zwölf Finger und dachte eine Weile mit geschlossenen Augen nach. Lenchen wartete.

»Ich hab's!«, rief die Fee schließlich. »Ich gebe dir hier zwei Zuckerstückchen. Sie sind natürlich verzaubert. Die tust du deinen Eltern heimlich und unbemerkt in die Tee- oder Kaffeetassen. Sie werden keinen Schaden erleiden. Nur werden sie, sobald sie erst mal den Zucker geschluckt haben, jedes Mal, wenn sie dir nicht gehorchen, halb so groß werden, wie sie vorher waren. Jedes Mal immer wieder halb so groß. Das verstehst du doch?«

Und sie schob dem Kind zwei ganz normal aussehende weiße Zuckerstücke über den Tisch, die sie aus einer besonderen Büchse genommen hatte.

»Danke sehr«, sagte Lenchen, »was kosten sie?«

»Nichts«, antwortete die Fee. »Die erste Beratung ist immer gratis. Die zweite wird dann allerdings schrecklich kostspielig.«

»Das macht mir nichts«, versicherte Lenchen, »weil ich ja keine zweite Beratung brauche. Also dann, schönen Dank.«

»Auf Wiedersehen«, sagte Franziska Fragezeichen und lächelte hintergründig.

Dann gab es ein Geräusch – »flopp!« –, als ob man den Korken aus einer Flasche zieht, und Lenchen stand urplötzlich im Wohnzimmer bei sich zu Hause. Die Eltern waren da und schienen noch nicht einmal bemerkt zu haben, dass ihre Tochter weg gewesen war. Aber Lenchen hielt die beiden Zuckerstückchen in der Hand. Daran erkannte sie mit Sicherheit, dass das Ganze kein Traum gewesen war.

Die Mutter brachte gerade die Teekanne herein und ging noch einmal in die Küche, um den Teller mit den Plätzchen zu holen. Der Vater zog sich in der Zwischenzeit im Schlafzimmer seine bequeme Hausjacke an.

Lenchen nahm den günstigen Augenblick wahr und tat die beiden Zuckerstückchen in die Teetassen ihrer Eltern. Einen kurzen Augenblick lang regten sich in ihr Gewissensbisse, aber die unterdrückte sie sofort. Sie sind selber schuld, dachte sie. Außerdem schadet ihnen das Zaubermittel ja nicht, solange sie mir nicht widersprechen. Und wenn sie's doch tun, geschieht es ihnen ganz recht.

Dann wurde Tee getrunken, aber Lenchen sagte, sie wolle keinen Tee, sondern Limonade.

»Na gut«, meinte die Mutter, »hol dir eine aus dem Kühlschrank.«

Bis jetzt war alles noch gut gegangen. Aber dann wollte der Vater Nachrichten im Fernsehen sehen, Lenchen dagegen einen Zeichentrickfilm, der auf dem anderen Kanal lief. »Ich möchte aber wissen, was es Neues gibt«, sagte der Vater und stellte die Nachrichten an.

Da machte es plötzlich »pffffft!«, als ob aus einem Fahrradschlauch die Luft zischt, und der Vater schrumpfte zusammen und saß auf einmal ganz klein in seinem Sessel. Er sah aus wie ein Liliputaner. Natürlich waren seine Kleider nicht mitgeschrumpft, sodass nun seine bequeme Hausjacke und seine Hose und sein Hemd und seine Krawatte viel zu groß um ihn herumhingen. Er war vorher 1 Meter und 84 groß gewesen und jetzt maß er nur noch die Hälfte, also 92 Zentimeter. Man kann sich denken, dass er ein ziemlich verblüfftes Gesicht machte.

»Um Himmels willen, Kurt«, rief Mutter, »was soll denn das?«

»Ich hab keine Ahnung«, antwortete Vater, »ich fühle mich irgendwie komisch.«

»Du bist ja auf einmal so klein, Kurt«, sagte Mutter.

»Wirklich?«, fragte Vater ungläubig. »Wie klein?«

»Halb so groß wie bisher«, stellte Mutter fest.

Vater stand auf und ging zum Spiegel auf den Flur hinaus, um sich selbst zu überzeugen. Seine Kleider schleiften hinter ihm her. Der Spiegel hing jetzt aber zu hoch für ihn, Mutter musste kommen und ihn hochheben.

»Tatsächlich«, murmelte er, während er sich betrachtete. »Das kommt mir aber sehr ungelegen. Was werden die Kollegen im Büro sagen? Ich soll doch gerade zum Abteilungsleiter befördert werden.«

Lenchen hatte sich bis jetzt mühsam beherrscht, aber nun platzte sie doch los. Sie kugelte sich vor Lachen auf dem Sofa.

»Da gibt es gar nichts zu lachen«, sagte Mutter ernst, während sie mit Vater zurückkam und ihn auf seinen Sessel setzte. »Diese Sache ist sehr schlimm. Vielleicht ist es eine Krankheit. Wir müssen sofort den Doktor anrufen und ihn bitten zu kommen.«

»Nein«, antwortete Lenchen, die vor lauter Kichern kaum reden konnte, »es ist keine Krankheit.«

»Was verstehst du denn davon, Naseweis«, versetzte Mutter und griff nach dem Telefon.

»Nicht!«, rief Lenchen. »Nein, nein und noch mal nein! Ich will nicht, dass der Doktor kommt.«

»Was du willst oder nicht willst, ist jetzt völlig egal«, sagte Mutter ärgerlich, »jetzt geht es um deinen armen Vater.«

Sie wollte gerade den Hörer abheben, da machte es »pffffft!« wie vorher, und Mutter schrumpfte ebenfalls zusammen, bis ihre Kleider um sie herumhingen. Sie war vorher 1 Meter 68 groß gewesen und maß nun nur noch 84 Zentimeter. »Wie kommt denn …« war alles, was sie noch hervorstoßen konnte, ehe sie ohnmächtig umsank.

Vater sprang von seinem Sessel herunter und fing sie im letzten Moment in seinen Armen auf, sonst wäre sie auf den Boden geplumpst und hätte sich vielleicht wehgetan, obgleich sie ja jetzt nicht mehr sehr tief fallen konnte.

»Hilde!«, rief er und klopfte ihre Wangen. »Komm doch zu dir, Schatz!«

Sie schlug die Augen auf, die sich mit Tränen füllten. »Ach, Liebster«, seufzte sie, »willst du mir mal sagen, wie ich jetzt einkaufen gehen soll? Was werden die Leute denken?«

»Immerhin passen wir in der Größe nun wieder gut zusammen«, sagte Vater mit einem Versuch, seine Frau zu trösten. »Das ist doch schon etwas.«

»Aber was soll ich nur anziehen?«, klagte Mutter. »Sogar die Sachen von Lenchen sind mir jetzt zu groß.«

»Das wird sich finden, Schatz«, meinte Vater und gab ihr einen beruhigenden Kuss, »das wird sich alles finden. Wir müssen die Situation gründlich durchdenken. Uns wird bestimmt etwas einfallen.«

Mutter wischte sich die Tränen aus den Augen und blickte bewundernd zu ihrem kleinen Mann auf, der selbst in dieser so ungewöhnlichen Lage die Nerven behielt. »Wie ist denn das so plötzlich gekommen, Kurt?«

»Eine gute Frage«, meinte Vater und strich sich übers Kinn.

»Es ist gekommen«, sagte Lenchen, »weil ihr mir nicht gefolgt habt.«

Die Eltern schauten zu ihr hin und machten ungläubige Gesichter. »Was hast du gesagt, Kind?«, fragte Mutter.

»Es ist Zauberei«, erklärte Lenchen. »Aber wenn ihr alles tut, was ich euch sage, und niemals widersprecht, dann passiert euch nichts weiter.«

»So etwas«, sagte Vater, »gibt es nicht. Das ist barer Unsinn. Wir leben in einem wissenschaftlichen Jahrhundert. Also, Lenchen, wenn du das hier angestellt hast, dann mach es sofort rückgängig.«

»Ihr seid selber schuld«, antwortete Lenchen ungnädig. »Warum tut ihr nie, was ich will?«

Die Eltern schauten sich an.

»Offenbar«, meinte Vater, »hat sie es wirklich getan.«

»Schäm dich!«, rief Mutter. »So was gehört sich nicht für ein wohlerzogenes Kind!«

Lenchen musste wieder lachen. »Ich werde euch fotografieren«, sagte sie. »Zur Erinnerung fürs Familienalbum.«

»Kommt nicht infrage!«, rief Vater streng. »Nicht mit meinem Fotoapparat!«

»Du lässt das bleiben, hörst du!«, pflichtete ihm Mutter bei. »Du willst uns wohl vor aller Welt lächerlich machen.«

Wieder gab es dieses sonderbare Geräusch – »pffffft!« –, und schon waren die Eltern abermals auf die Hälfte

ihrer vorherigen Größe geschrumpft. Vater war jetzt nur noch 46 Zentimeter groß und Mutter 42.

»Seht ihr wohl!«, sagte Lenchen. »Das habt ihr nun davon. Es ist besser, ihr widersprecht mir von jetzt an nie mehr.«

Die Eltern verstummten und sahen ziemlich verdattert aus. Lenchen holte Vaters Fotoapparat und knipste sie.

»Und jetzt«, erklärte sie dann, »dürft ihr euch mit mir zusammen den Zeichentrickfilm ansehen – obwohl ihr eigentlich ein bisschen zu klein dafür seid.«

Die Eltern ließen es ohne Einwand über sich ergehen. Vater wollte zwar ein paar Mal irgendetwas sagen, aber Mutter stieß ihn mit dem Ellbogen an und legte den Zeigefinger an die Lippen.

Zum Abendessen gab es diesmal nur Kekse und Milch, die Lenchen aus der Küche holte. Die Eltern brauchten ja jetzt nur noch ziemlich wenig, und so wurde Lenchen trotzdem satt.

Der restliche Abend verlief einigermaßen friedlich, weil die Eltern sich ohne Widerspruch allem fügten, was Lenchen befahl – sogar, als es darum ging, Quartett zu spielen, wobei die Karten für Vater und Mutter natürlich viel zu groß waren.

Endlich beschloss Lenchen, dass es Zeit sei, schlafen zu gehen. »Ihr müsst jetzt ins Bett«, sagte sie, »aber im großen Ehebett werde ich von jetzt an schlafen.«

»Und wir?«, fragte Mutter.

»Ihr schlaft in meinem Puppenwagen«, entschied Lenchen.

»Also wirklich!«, rief Vater und bekam einen roten Kopf. »Das kann niemand von mir verlangen. Ich bin ein erwachsener Mann. Das lasse ich mir einfach nicht bieten!«

»Unerhört!«, pflichtete Mutter ihm bei. »So was kannst du doch mit uns nicht machen, Kind. Das geht nun wahrhaftig zu weit.«

Von Neuem war das zischende Geräusch zu hören – »pffffft!« –, und nun war er nur noch 23 Zentimeter groß und sie 21.

Lenchen holte ihren Teddy und ihren Plüschtiger und den Kasper und den Elefanten und so weiter und quartierte sie ins Ehebett um, dann packte sie Vater und Mutter in den Puppenwagen.

»Nächtchen!«, sagte sie und deckte beide gut zu. »Und jetzt wird geschlafen, verstanden?«

Dann ging sie selbst ins Bett – ohne sich gewaschen und Zähne geputzt zu haben, denn über diese Dinge hatte sie ja nun ganz allein zu entscheiden. Sie machte es sich zwischen all ihren Schlaftieren bequem und schlief zufrieden ein. Bis zuletzt hörte sie noch aus dem Puppenwagen aufgeregtes Gewisper.

In der Nacht wachte sie auf, weil draußen ein Gewitter niederging. Es blitzte und donnerte ganz entsetzlich, und Lenchen wäre gern zu ihren Eltern ins Bett gekrochen, um sich sicherer zu fühlen, aber in deren Bett lag sie ja schon, und zu den Eltern im Puppenwagen konnte sie ja beim besten Willen nicht auch noch krabbeln. Außerdem hätte sie sich bei so winzigen Eltern auch kein bisschen sicherer gefühlt. Sie kam sich schrecklich einsam vor und weinte ein wenig in ihre Kissen. Aber am nächsten Morgen schien die Sonne wieder und alles war vergessen.

Als Erstes schaute sie im Puppenwagen nach – aber da waren die Eltern nicht mehr. Sie hatten alle Puppenwindeln, die sie finden konnten, zusammengeknotet und waren an dieser Strickleiter auf den Boden hinuntergeklettert und geflüchtet.

Lenchen suchte im ganzen Zimmer

herum und rief: »Hallo, Papa, Mama, wo seid ihr denn?«

Nach einer Weile hörte sie von irgendwoher ein ganz, ganz leises Getuschel. Es kam aus der Sofaecke. Sie ging hin und hob alle Kissen hoch, aber da war niemand. Sie bückte sich und spähte unter das Sofa und entdeckte die beiden, die sich in den hintersten, dunkelsten Winkel drückten.

»Kommt da sofort raus!«, befahl sie streng und fügte dann etwas freundlicher hinzu: »Ich tu euch nichts.«

»Nein«, hörte sie die beiden wie aus einem Mund rufen, »wir haben Angst vor dir. Wir kommen auf keinen Fall raus.«

Und schon erklang wieder – nur diesmal schon viel leiser – das sonderbare »Pffffft!«, das anzeigte, dass die Eltern wieder auf die Hälfte ihrer vorigen Größe geschrumpft waren.

Lenchen holte einen Besen aus der Küche und stocherte mit dem Stiel unter dem Sofa herum, um die Eltern herauszuscheuchen. Es gelang ihr auch. Sie sah, wie die beiden über den Teppich rannten und unter der Kommode Schutz suchten.

Vater war inzwischen nur noch elf und einen halben Zentimeter groß und Mutter zehneinhalb. Beide hatten sich Taschentücher als Kleider umgehängt.

»Na gut«, meinte Lenchen, »wie ihr wollt. Dann frühstücke ich eben allein.«

Sie ging in die Küche, holte sich ihre Müsli-Flocken und goss den letzten Rest der Milch darüber. Dann frühstückte sie und vergaß auch nicht, einen kleinen Unterteller mit Müsli auf den Boden zu stellen, damit die Eltern etwas zu essen hatten. Sie war eben ein sehr fürsorgliches kleines Mädchen.

Danach zog sie sich an – wieder ohne sich zu waschen – und ging in die Schule. Die Wohnungstür ließ sie offen stehen, wie sie es immer machte. Natürlich erzählte sie weder dem Lehrer noch den anderen Kindern etwas von zu Hause.

Als sie mittags zurückkam, war das Tellerchen auf dem Küchenboden leer gegessen.

Die Eltern waren nirgends zu finden.

Zum Mittagessen machte Lenchen sich eine Sardinenbüchse auf. Aber das war gar nicht so einfach, und sie schnitt sich an dem scharfen Blech in den Finger, dass es blutete.

Heulend lief sie in der Wohnung hin und her und rief: »Papa! Mama!« Sie hatte Angst, dass sie verbluten müsste.

Schließlich kam Mutter zögernd

hinter den Büchern aus dem Regal am Boden hervor. Vater folgte ihr in einigem Abstand. Sie konnten beide einfach nicht ertragen, ihr armes kleines Mädchen weinen zu hören.

»Hast du dir wehgetan?«, fragte Mutter.

Lenchen zeigte ihr den blutigen Finger und schluchzte.

»Geh schnell ins Bad«, sagte Vater, »und lass Wasser über den Schnitt laufen.«

»Und dann hol den Verbandskasten aus dem weißen Schränkchen und bring ihn her«, fügte Mutter hinzu.

Lenchen beeilte sich.

Klein, wie sie waren, mussten die Eltern sich gewaltig anstrengen, um mit vereinten Kräften ein Heftpflaster vorzubereiten und um den Finger ihrer Tochter zu wickeln. Um ein Haar wären sie selber daran kleben geblieben.

»Und jetzt«, sagte der Vater ganz außer Puste, als sie fertig waren, »könntest du freundlicherweise mit diesem Unsinn endlich aufhören und uns wieder größer werden lassen. Ich habe Sinn für Humor, aber ich finde, es reicht jetzt.«

»Das geht nicht«, erklärte Lenchen, »ich würde es ja tun, aber ich weiß nicht, wie.«

Und dann erzählte sie, wie sie zu Franziska Fragezeichen gegangen war und wie sie den Zucker in den Tee getan hatte und alles andere.

»Eine schöne Fee!«, rief Mutter. »Ich muss sagen, diese Person gefällt mir nicht. Da gehst du mir nie wieder hin, hörst du!«

»Dann dürft ihr mir aber nie, nie, nie mehr widersprechen«, sagte Lenchen, »sonst werdet ihr immer noch kleiner, und am Schluss seid ihr gar nicht mehr da.«

»Unmöglich!«, versicherte Vater. »Wenn wir jedes Mal halb so groß werden wie vorher, dann können wir niemals ganz verschwinden. Das ist wissenschaftlich erwiesen. Wir können zwar atomklein werden, aber etwas bleibt immer übrig von uns.«

»Mag sein«, wandte Mutter ein, »aber die Frage ist doch, was wird dann aus Lenchen? Wer wird für sie sorgen?«

»Eine gute Frage«, meinte Vater, wie üblich, wenn er keine Antwort wusste.

In diesem Augenblick klingelte es.

»Das wird Max sein, der zum Spielen kommt«, sagte Lenchen.

»Um Himmels willen!«, rief Vater. »Niemand darf uns so sehen! Du darfst zu niemandem etwas sagen, hast du verstanden, Kind?«

»Klar!«, antwortete Lenchen. »Versteckt euch inzwischen.«

Sie ging zur Wohnungstür und machte auf.

Draußen stand Max, ihr Freund. Er war etwa genauso alt wie sie und musste zurzeit eine Spange im Mund tragen, weil seine Zähne etwas vorstanden.

»Schau mal, was ich bekommen habe«, sagte Max und zeigte ihr eine kleine schwarze Katze, die er auf dem Arm trug. »Er heißt Zorro. Wir können mit ihm spielen.«

»Ist es ein Junge?«, fragte Lenchen.

»Natürlich«, antwortete Max, »sonst würde er doch nicht Zorro heißen.«

Sie gingen ins Wohnzimmer.

»Bist du allein?«, wollte Max wissen. »Sind deine Eltern nicht da?«

»N... ja«, stotterte Lenchen, »sie ... sie sind auf Besuch bei Freunden.«

»Aber da liegen ja ihre Kleider rum.«

»Sie haben sich umgezogen und hatten's eilig. Außerdem geht dich das gar nichts an.«

Max setzte Zorro auf den Boden, der sofort interessiert herumzuschnuppern begann.

»Na, was sagst du?«, fragte Max stolz. »So was hast du nicht.«

»Will ich ja auch gar nicht«, gab Lenchen zurück.

»Das ist ein ganz toller Kater«, erklärte Max, »besonders seltene Rasse.«

»So?«, sagte Lenchen. »Mir kommt er ganz gewöhnlich vor.«

»Deshalb heißt er eben Zorro«, fuhr Max fort. »Schau dir bloß mal seinen Schnurrbart an. So was gibt's nur einmal.«

Lenchen konnte es nicht länger aushalten. »Ich hab aber noch was viel Tolleres«, sagte sie.

»Was Tolleres?« Max legte sich zu seinem Kater auf den Boden und spielte mit ihm. »Das glaub ich nicht. Du darfst ihn mal anfassen. Wenn ich dabei bin, tut er dir nichts.«

»Was viel, viel, viel Tolleres«, wiederholte Lenchen.

»Was denn?«, erkundigte sich Max.

»Sag ich nicht«, antwortete Lenchen, die an ihr Versprechen dachte.

»Dann wird's schon nichts Besonderes sein«, meinte Max gönnerhaft,

legte sich auf den Rücken und setzte sich Zorro auf den Bauch.

»Sehr, sehr, sehr was Besonderes«, erwiderte Lenchen wütend, »viel besonderer als eine Katze.«

»Dann sag's doch!«

»Nein.«

»Du bist blöd.«

»Und du erst!«

»Gar nichts hast du.«

»Hab ich doch!«

»Also, was ist es denn?«

»Zwerge«, sagte Lenchen.

Jetzt war es heraus, obwohl sie es wirklich nicht gewollt hatte.

Max guckte sie an und lutschte an seiner Spange. »Quatsch«, sagte er schließlich, »so was gibt's nicht wirklich.«

»Gibt's doch«, antwortete Lenchen.

»Wie groß sind die denn?«, wollte Max wissen.

Lenchen zeigte es mit Daumen und Zeigefinger.

»Und richtig lebendig?«, fragte Max unsicher.

»Mhm«, machte Lenchen.

Max schaute sich im Zimmer um. »Wo denn?«

»Sie haben sich versteckt«, erklärte Lenchen, »vorher waren sie noch da. Wir haben miteinander geredet.«

Max grinste. »Ich verstehe. Und dann haben sie dir eine Krone und eine goldene Kette geschenkt – alles natürlich unsichtbar.«

In diesem Augenblick machte Zorro plötzlich einen Satz und sauste wie der Blitz unter das Sofa. Dort hörte man ihn knurren und fauchen, dann machte etwas »schnipp-schnapp«, der Kater stieß ein klägliches »Miau!« aus und kam sichtlich verstört wieder zum Vorschein.

Er hatte keinen Schnurrbart mehr.

Max nahm ihn auf den Arm. »Wer hat denn das gemacht?«, rief er empört. »Der arme Zorro!«

»Meine Zwerge eben«, antwortete Lenchen triumphierend. »Da siehst du's selbst! Sie sind ziemlich gefährlich.«

Max war ein bisschen blass geworden. Er murmelte etwas von Hausaufgaben, die er noch machen müsste, und hatte es ziemlich eilig wegzugehen.

Als er draußen war, sagte Lenchen anerkennend zu ihren Eltern: »Dem habt ihr's aber gezeigt! Was der sich einbildet mit seiner blöden Katze.«

Die Eltern kamen unter dem Sofa hervor. In ihren Gesichtern war noch der ausgestandene Schrecken zu lesen.

»Wie konntest du nur eine Katze hier hereinlassen!«, rief Mutter. »Um ein Haar hätte sie uns gefressen.«

»Das hätte sie nie getan«, erwiderte Lenchen.

»Nur«, sagte Vater ziemlich ärgerlich, »weil ich zum Glück die Schere aus dem Verbandskasten mitgeschleppt habe. Ich hatte schon so eine Vorahnung, dass wir sie brauchen würden. Ohne diese Waffe wären wir verloren gewesen.«

»Aber Katzen fressen doch keine Menschen«, wandte Lenchen ein.

»Sie hat uns vielleicht für Mäuse gehalten«, sagte Mutter.

Nun erschrak Lenchen doch etwas. »Meint ihr, Zorro hätte euch aus Versehen fressen können?«

»Aus Versehen oder mit Absicht«, antwortete Vater, »gefressen hätte er uns, wenn ich uns nicht verteidigt hätte.«

Lenchen stellte sich vor, was die anderen Kinder in der Schule zu ihr sagen würden, wenn sich herumspräche, dass eine Katze ihre Eltern gefressen hatte. Alle würden sie auslachen.

»Und du«, sagte Mutter, »würdest dann natürlich in ein Waisenhaus gebracht werden. Das ist dir doch klar?!«

Jetzt begann Lenchen zu weinen. »Ich will aber nicht ins Waisenhaus!«

»Wenn du das nicht willst«, stellte Vater fest, »dann gibt es nur eins: Mutter und ich müssen unsere normale Größe wiederbekommen.«

Aber das wollte Lenchen nun auch wieder nicht. »Ich weiß was Besseres«, meinte sie.

Im Wohnzimmer gab es eine Glasvitrine, in der alle möglichen Andenken und kostbaren Gläser und Porzellanfiguren standen, zum Beispiel ein dicker Buddha, der mit dem Kopf nickte, wenn man ihn anstieß, und eine Glaskugel mit Venedig drin, in der es schneite, wenn man sie schüttelte, und eine Gärtnerin mit Blumenkorb und Vaters 1. Preis vom Schachverein »Königsspringer« in Form eines goldenen Pferdchens. Dort hinein setzte Lenchen nun ihre Eltern. »Da seid ihr in Sicherheit«, sagte sie, »aber passt nur ja auf, dass ihr nichts umwerft und zerbrecht. Wenn jemand kommt, dann müsst ihr eben so tun, als wärt ihr aus Porzellan.«

Damit schloss sie die Glastür. Die Eltern gestikulierten heftig dahinter, aber man konnte sie nicht mehr hören. Lenchen ging in die Küche und stocherte mit einer Gabel die Ölsardinen aus der halb geöffneten Büchse, weil sie Hunger hatte. Dazu knipste sie sich das Radio an.

»Hallo, Lenchen«, sagte eine Frauenstimme, »hier spricht Franziska, erinnerst du dich? Franziska Fragezeichen, die Fee. Falls du mich aus irgendeinem Grunde suchen solltest – ich bin inzwischen umgezogen. Ich wohne jetzt in der Windgasse Nr. 7 im Keller. Wenn du eine zweite Beratung brauchst – nun, ich sagte dir ja schon, dass sie dich ziemlich viel kosten wird. Aber du wirst dich bald entscheiden müssen, sonst ist es zu spät. Ende der Durchsage.«

Dann kam irgendeine langweilige Musik. Lenchen schaltete ab und bohrte nachdenklich mit dem Finger in der Nase.

Die Sache fing langsam an, ihr unbehaglich zu werden. Aber eines stand für sie fest: Eine zweite Beratung war völlig überflüssig. Sie würde nie wieder zu ihr hingehen. In diesem Punkt stimmte sie ausnahmsweise mit Mutters Meinung überein. Außerdem hatte Lenchen keine Ahnung, wo sie die Windgasse suchen sollte.

Draußen war schönes Wetter. Lenchen rannte hinaus, schlug die Wohnungstür zu und lief auf einen Spielplatz zu den anderen Kindern, die dort fröhlich lärmten. Nach kurzer Zeit dachte sie schon nicht mehr an die ganze unangenehme Sache.

Die fiel ihr erst wieder ein, als sie gegen sieben Uhr nach Hause ging und an der Wohnungstür klingelte. Natürlich konnte ihr niemand öffnen, weil die Eltern in der Glasvitrine eingesperrt waren – und den Hausschlüssel mitzunehmen, daran hatte Lenchen nicht gedacht, weil sie das noch nie hatte tun müssen.

Jetzt kriegte sie es doch mit der Angst. Sie setzte sich auf die Treppenstufen und weinte leise vor sich hin, obgleich das ja auch nichts helfen konnte.

Sie stellte sich vor, wie sie die ganze lange Nacht hier würde sitzen bleiben müssen, mutterseelenallein und verlassen, und sie tat sich sehr, sehr, sehr leid. Nicht mal ein Taschentuch zum Naseputzen hatte sie dabei.

Und Hunger hatte sie auch, und zu essen würde es sowieso nichts geben, weil Mutter ja nichts kochen konnte, und überhaupt nie mehr, und Geld hatte Lenchen ja auch keins, um sich was zu kaufen, und außerdem hatten die Geschäfte jetzt alle schon zu, und das Ganze war wirklich und wahrhaftig ein rabenschwarzes Unglück ...

Und schuld an alledem waren einzig und allein Vater und Mutter, denn wenn sie nur immer getan hätten, was Lenchen verlangt hatte, dann wäre es überhaupt nie so weit gekommen.

In diesem Augenblick wirbelte ein Windstoß durch das offene Fenster des Treppenhauses ein Stück Papier herein, das nach einigem Herumsegeln direkt vor Lenchens Füßen landete. Sie sah, dass etwas darauf geschrieben stand, hob es auf und buchstabierte:

*Na, na, nun mach mal einen Punkt. Du weißt selbst, dass das nicht wahr ist. Deine Eltern können wirklich nichts dafür, also komm und lass uns drüber reden.*

Wer hatte das geschrieben? Lenchen drehte das Blatt um und auf der Rückseite stand:

*Falte einen Flieger aus diesem Blatt und folge ihm. Das verstehst du doch, mach schnell.*
*F. F. F.*

F. F. F. konnte eigentlich nur Fee Franziska Fragezeichen bedeuten. Und der Satz »Das verstehst du doch« sprach auch dafür, dass sie diese Botschaft geschickt hatte.

Lenchen fühlte sich augenblicklich getröstet. Sie hörte auf zu schluchzen, faltete, so gut sie es vermochte, einen Flieger aus dem Blatt (besonders genau wurde er nicht, weil sie plötzlich sehr aufgeregt war und es eilig hatte), dann ging sie auf die Straße hinunter und ließ ihn steigen.

Ein Wind ergriff ihn und trieb ihn

vor sich her, mal hoch hinauf, mal im Sturzflug abwärts, aber immer fing er sich wieder und blieb in der Luft, ohne den Boden zu berühren.

Lenchen rannte hinterher.

Zum Glück (oder war es geheimnisvolle Fügung?) kreiste der Papierflieger meist hoch über den Köpfen der Leute, vor allem dort, wo Verkehrskreuzungen waren, sonst wäre das kleine Mädchen bestimmt einfach unbesonnen hinter ihm her über die Straße gerannt, ohne auf die Autos zu achten. Aber so passierte ihr nichts, außer dass sie ein paarmal in Pfützen trat und in Fußgänger hineinlief, die dann hinter ihr herschimpften.

Langsam brach die Nacht herein, und Lenchen folgte noch immer dem Flieger. Der bog in diese und jene Straße ein, und wenn seine Verfolgerin nicht gleich nachkam, dann wartete er schwebend und kreisend, bis sie ihn wieder sah. Lenchen hatte schon Seitenstechen und musste schnaufen wie eine kleine Lokomotive, aber sie gab nicht auf.

Die Straßen wurden immer dunkler und stiller. Schließlich war weit und breit kein Mensch mehr zu sehen. Der Wind blies immer stärker, er pfiff und fauchte richtig und schubste das kleine Mädchen buchstäblich vor sich her.

Schließlich prallte Lenchen beinahe mit der Nase auf eine Tür, zu der aber, soweit sie es in der Dunkelheit beurteilen konnte, überhaupt kein Haus gehörte. Die Tür stand einfach so da, ganz für sich, und auf ihr war eine große schwarze Sieben gemalt. Darunter befand sich ein Messingschild mit der Inschrift:

*Zur zweiten Beratung,*
*wenn's beliebt.*

Die Tür öffnete sich von selbst und ein Windstoß beförderte Lenchen unsanft hinein. Sie stolperte ein paar Kellerstufen hinunter und rutschte fast aus, als sie unten ankam, denn sie stand auf spiegelglattem Eis.

Der See, den sie ja schon vom ersten Besuch her kannte, war auch hier wieder da, aber er war jetzt zugefroren. Den Kahn gab es ebenfalls noch, aber er saß fest. Es war hier Winter und die Umgebung war eine Schneelandschaft.

Lenchen musste den weiten Weg bis zur Insel diesmal zu Fuß zurücklegen, und zwar vorsichtig und Schritt für Schritt, nicht nur wegen der Glätte, sondern auch, weil sie nicht wusste, ob das Eis sie überall tragen würde. Manchmal jedenfalls knackte und knirschte es äußerst verdächtig.

Als sie dann endlich halb erfroren ihren Fuß auf die Insel setzte, stand sie plötzlich wieder auf dem Teppich im Zimmer der Fee, und Franziska Fragezeichen saß an ihrem runden, dreibeinigen Tischchen.

Zum Fenster schien nun verwirrenderweise die Mittagssonne herein, und der Kuckuck, der aus der Wanduhr herausschnellte, war jetzt ein richtiger Kuckuck und rief zwölfmal: »Kuckuck!« Die Ziffern auf der Uhr waren wieder nur lauter Zwölfen.

»Die zweite Beratung«, sagte Franziska Fragezeichen ohne Einleitung, »findet immer und grundsätzlich um zwölf Uhr mittags statt. Das ist nun mal so.«

Lenchen verzichtete darauf zu fragen, warum und weshalb.

»Du musst dich jetzt entscheiden«, fuhr die Fee fort, »wie die Sache weitergehen soll. Die Zeit, in der man noch etwas rückgängig machen kann, ist gleich abgelaufen. Das verstehst du doch?«

»Nicht ganz«, gestand Lenchen.

»Hast du dich gut amüsiert, mein Kind?«, fragte die Fee.

»Schon«, meinte Lenchen zögernd, »jedenfalls am Anfang.«

»Also, wenn du willst«, erklärte die Fee, »dann geht es von jetzt an immer so weiter. Deine Eltern werden kleiner und immer kleiner. Du könntest sie zuerst in einer Zündholzschachtel wohnen lassen. Später kannst du sie dann freilich nur noch durch ein Vergrößerungsglas oder sogar durch ein Mikroskop sehen. Aber das ist bestimmt sehr lustig, meinst du nicht?«

Lenchen schwieg ratlos und zuckte die Achseln.

»Allerdings«, setzte die Fee hinzu, »musst du das jetzt sofort entscheiden, denn von einem bestimmten Moment

an ist zu viel Zeit vergangen, als dass man noch zum Anfang zurückkehren könnte. Wer zu weit gegangen ist, muss weitergehen. Das ist oft so im Leben. Das verstehst du doch? Aber vielleicht möchtest du weitergehen? Du musst es nur sagen, Kind.«

Lenchen blickte die Fee unschlüssig an.

»Oh, ich will dich wirklich nicht beeinflussen, meine Liebe«, versicherte Franziska Fragezeichen. »Du sollst die Angelegenheit ganz so entscheiden, wie du es für richtig hältst. Ich wollte dir nur wahrheitsgemäß sagen, was dabei herauskommen wird. Das verstehst du doch?«

»Ja«, antwortete Lenchen und schluckte. »Und was wäre die andere Möglichkeit?«

»Die andere Möglichkeit«, versetzte die Fee gedehnt, wobei sie das Mädchen rätselhaft anblickte, »wird dir bestimmt nicht gefallen, fürchte ich. Sie ist sehr unerfreulich – für dich jedenfalls. Ich glaube nicht, dass sie dich überhaupt interessiert.«

»Sagen Sie mir's trotzdem«, bat Lenchen.

»Nun«, erläuterte die Fee, »ich könnte jetzt gerade noch die Zeit seit unserer ersten Beratung zurückdrehen – das heißt genau genommen bis zu dem Augenblick, bevor du die Zuckerstückchen in die Tassen deiner Eltern geworfen hast. Dann wäre es für alle anderen so, als wäre inzwischen überhaupt nichts passiert. Auch das Foto hättest du natürlich nie gemacht. Es gäbe überhaupt keinen Beweis für die ganze Geschichte. Nur du allein wüsstest, was geschehen ist – oder vielmehr, was geschehen wird, denn in diesem Augenblick wäre ja auch für dich selber alles wieder Zukunft. Das verstehst du doch? Dann könntest du dich natürlich anders entscheiden und die Zuckerstückchen nicht in den Tee werfen.«

»Wirklich?«, fragte Lenchen. »Ginge das?«

»Sicher«, antwortete die Fee, »aber die Sache hat einen kleinen Haken, wie das bei solchen Zaubergeschichten eben nicht anders zu erwarten ist. Ich sagte dir ja von Anfang an, dass die zweite Beratung dich teuer zu stehen kommen würde – so oder so.«

Franziska Fragezeichen trommelte mit ihren zwölf Fingern nachdenklich auf die Tischplatte.

»Welchen Haken denn?«, wollte Lenchen wissen.

»Nun ja«, die Fee zog bedeutungsvoll die Augenbrauen hoch, »du müsstest die Zuckerstückchen selbst essen, und zwar auf der Stelle. Das wäre die einzige Möglichkeit.«

»Könnte ich sie nicht einfach wegwerfen?«

»Nein, leider nicht, mein Kind. Das wäre ganz zwecklos. Sie würden auf jeden Fall immer bei denjenigen landen, für die sie bestimmt waren. Auch wenn man sie hunderttausend Kilometer weit weg ins Meer würfe, würden sie im selben Augenblick, wo man sie losließe, in der Teetasse deiner Eltern sein. Es sind ja keine gewöhnlichen Zuckerstücke. Das verstehst du doch?«

»Ja, aber –«, stammelte Lenchen, »wenn ich sie runterschlucke, dann passiert mir doch das Gleiche wie Papa und Mama. Dann werde ich doch selbst immer kleiner und kleiner.«

»Unvermeidlich«, antwortete die Fee, »es sei denn ...«

»Es sei denn was?«

»Es sei denn«, wiederholte Franziska Fragezeichen, »du widersprichst eben niemals. Dann würde dir natürlich auch nichts passieren. Das wär's.«

»Ach so«, sagte Lenchen. Sie schwieg eine Weile und auch die Fee sagte nichts mehr. Endlich schüttelte Lenchen den Kopf. »Es ist aussichtslos. Das ist einfach zu schwer für mich.«

»Ich dachte es mir schon«, versetzte die Fee. »Also lassen wir eben alles so, wie es ist. Mir ist es übrigens ganz gleich. Ich überrede dich zu nichts.« Sie blickte auf die Uhr. »Jetzt sind gerade noch zehn Sekunden Zeit. Danach ist sowieso alles entschieden, weil es zu spät ist.«

Lenchen kämpfte einen furchtbaren Kampf mit sich selbst.

»Bitte!«, schrie sie dann plötzlich. »Drehen Sie die Zeit zurück! Bitte, tun Sie's! Jetzt sofort!«

Franziska Fragezeichen sprang auf und begann mit ausgestrecktem Finger die Zeiger ihrer Kuckucksuhr rückwärtszudrehen. Das war das Letzte, was Lenchen von ihr sah.

Wieder hörte sie dieses seltsame Geräusch – »flopp!« –, als ob ein Stöpsel aus einer Flasche gezogen wird, und dann fand sie sich zu Hause im Wohnzimmer wieder, genau in dem Augenblick, als Mutter in der Küche war, um Plätzchen zu holen, und Vater im Schlafzimmer, um sich die bequeme Hausjacke anzuziehen.

Und in der Hand fühlte sie die bei-

den Zuckerstückchen, die ihr bewiesen, dass alles Wirklichkeit war. Sie steckte sie in den Mund, zerkaute sie und schluckte sie hinunter.

»Lenchen«, sagte Mutter, die eben hereinkam, »du sollst doch keinen Zucker naschen. Das schadet deinen Zähnen.«

»Ja, Mama«, antwortete Lenchen.

Vater setzte sich in seinen Sessel. »Ich würde gern mal eben die Nachrichten sehen. Hat jemand was dagegen?«

»Nein, Papa«, sagte Lenchen.

Die Eltern wechselten einen verwunderten Blick.

»Was ist los mit dir, Lenchen?«, fragte Vater. »Bist du krank?«

Sie schüttelte den Kopf.

»Komm, trink eine Tasse Tee mit uns«, schlug Mutter vor, »das wird dir guttun.«

»Ja, danke«, sagte Lenchen.

Und so blieb es von da an immer. Für die Eltern war das Leben fortan natürlich sehr viel leichter. »Das Kind wird eben langsam vernünftig«, sagten sie.

Aber den wahren Grund erfuhren sie nie, der blieb Lenchens ewiges Geheimnis. Oder jedenfalls für eine unvorstellbar lange Zeit – genau genommen bis zum folgenden Freitag.

Da sagte Vater: »Kind, so kann das mit dir nicht weitergehen.«

»Ja, Papa«, antwortete Lenchen folgsam.

»Irgendwas«, meinte Mutter, »irgendwas ist mit dir nicht in Ordnung. Du wirkst so fremd. Überhaupt nicht mehr wie unser Lenchen.«

»Jedes normale Kind widerspricht ab und zu mal«, fuhr Vater fort. »Hast du denn gar keine eigene Meinung mehr?«

»Nein, Papa.«

»Wir machen uns Sorgen«, rief Mutter in klagendem Ton. »Könntest du nicht wenigstens hin und wieder mal ein bisschen widersprechen? Nur um uns die Freude zu machen, ein normales Kind zu haben?«

Nun wusste Lenchen nicht mehr weiter. Wenn sie Nein sagte, widersprach sie, und die Folgen waren unabwendbar; wenn sie aber Ja sagte, versprach sie zu widersprechen, und das lief auf das Gleiche hinaus. Statt einer Antwort begann sie ein bisschen zu weinen.

»Um Himmels willen«, riefen die Eltern, »ist es so schlimm? Wenn dich etwas bedrückt, dann sprich, Kind. Uns kannst du doch alles sagen.«

Und nun erklärte Lenchen unter Schluchzen, wie das mit den Zuckerstückchen war und überhaupt alles.

»Das ist ja unerhört!«, rief Mutter. »Diese Fee ist ja eine grässliche Person.«

»Ja«, pflichtete Vater bei, »man sollte ihre Tätigkeit gesetzlich verbieten.«

»Mein bedauernswertes Kind«, tröstete Mutter und nahm Lenchen in die Arme, »sei nur ganz ruhig. Dein kluger Vater wird bestimmt einen Ausweg finden. Nicht wahr, Kurt, mein Lieber, das wirst du doch?«

»Selbstverständlich«, antwortete Vater und räusperte sich. »Lasst uns mal nachdenken.«

Er ging im Zimmer auf und ab, und Frau und Kind folgten ihm mit den Augen.

»Ich hab's«, sagte er nach der fünften Kehrtwendung. »Die Sache ist im Grunde genommen sogar sehr einfach. Zucker wird vom Körper aufgebraucht, so wie Benzin vom Automotor. Das ist wissenschaftlich erwiesen. Die Zuckerstückchen können nur so lange wirken, wie sie in deinem Körper sind. Und Zucker wird sogar besonders schnell von den Muskeln verbraucht. Also hast du sie längst nicht mehr in dir.«

Lenchen hörte auf zu weinen und putzte sich die Nase. »Glaubst du wirklich?«

»Klar«, versicherte Vater, »widersprich mir doch mal. Es ist einen Versuch wert.«

»Ja, Papa«, sagte Lenchen gehorsam, »aber wenn's schiefgeht?«

»Nein«, meinte Mutter, »du musst uns schon richtig echt widersprechen. Nicht bloß so halb.«

»Dann müsst ihr mir aber erst richtig echt was befehlen«, schniefelte Lenchen.

Vater straffte sich und machte ein strenges Gesicht. »Also gut, dann ordne ich jetzt an, dass du auf der Stelle einen Purzelbaum machst.«

»Nein«, sagte Lenchen zögernd, »ich will aber nicht. Mir ist überhaupt nicht purzelbäumlich zumute.«

Alle drei warteten gespannt, aber nichts geschah. Da fielen sie sich lachend in die Arme. Vater hatte recht gehabt. Er war eben wirklich ein kluger Mann.

Damit hätten sie nun eigentlich die

ganze abenteuerliche Sache vergessen können.

Aber eines kam schließlich doch bei alledem heraus: Lenchen widersprach den Eltern, und die Eltern widersprachen Lenchen von da an nur noch, wenn es tatsächlich notwendig war, und nicht mehr nur einfach bloß so.

Und darum lebten sie fortan miteinander in der schönsten Familieneintracht und gedachten der Fee Franziska Fragezeichen trotz allem nicht ohne eine gewisse Dankbarkeit.

Ach, und übrigens: Purzelbäume machte Lenchen noch viele, mit und ohne Befehl.

# Die Geschichte vom Wunsch aller Wünsche

In die fröhliche Stadt der Kinder
kamen drei Zauberer einst:
Der erste hieß Borstenbinder,
der zweite Siebenzylinder
und der dritte Wasdunichtmeinst.
Sie zauberten hier und sie zauberten dort
manches Stücklein in bunter Gestaltung.
Und die Kinder dankten mit freundlichem Wort
für die lustige Unterhaltung.
Doch manches fragte sich heimlich dabei:
Sind sie gut oder böse, die seltsamen drei?
Man weiß es oft nicht.

Als der Tag der Abfahrt gekommen,
baten die Zauberer früh,
ehe sie Abschied genommen,
die Kinder zum Marktplatz zu kommen.
Und dies verkündeten sie:
»Wir sind eurer Freundlichkeit eingedenk,
ihr zolltet den Künsten Verehrung.
Drum bieten wir euch als Abschiedsgeschenk
eines einzigen Wunsches Gewährung.
Dieser Wunsch, den ihr sagt – sei er groß oder klein –,
wird im selben Moment euch erfüllet sein.«
Was sagst du dazu?

Da berieten die Kinder sich lange,
was am besten zu wünschen sei;
denn wie schlau man's auch immer anfange,
sobald man das eine erlange,
sei's mit allem andern vorbei!
Darum sprachen sie schließlich zu den drei Herrn:
»Verzeiht, wenn wir allzu viel wagen!
Unser einziger Wunsch ist: Wir möchten gern,
dass jeder Wunsch, den wir sagen,
sofort sich erfüllt.« – »Ihr habt es begehrt«,
so sprachen die dreie, »es sei euch gewährt!«
Da staunst du nun wohl!

Dann zogen sie fort mit dem Wagen.
Die Kinder der Kinderstadt
fingen an, sich voll Neugier zu fragen:
Ob ein Spruch, den drei Zauberer sagen,
so mächtige Wirkung hat?
Sie probierten es aus, erst heimlich noch zwar –
und staunten ganz unaussprechlich:
Jeder Wunsch, den man sagte – ganz gleich, was es war –,
ging sogleich in Erfüllung, tatsächlich!
Und die Kinder riefen voll Übermut:
»Da sieht man's – die Zauberer waren gut!«
Das ist doch ganz klar!

Ihr könnt euch wohl selber denken,
was nun für ein Wünschen begann:
Der wollte ein Auto zum Lenken,
der andre zehn Reiseandenken,
der dritte 'nen Hampelmann,
Spielzeug und Kuchen und Eisenbahn,
Samt und Seide und Felle,
Schlittschuhe, Kaugummi, Kreisel und Kran,
goldene Kronen und Bälle,
Puppen und Bücher und Kram und Trara:
Was man nur wünschte, sofort war es da!
Das möcht'st du wohl auch?

Das war schon ein Jahr so gegangen
und der Zauber hielt immer noch an!
Die Kinder begannen zu bangen,
denn kann man stets alles erlangen,
verliert man die Freude daran.
Und sie wünschten sich weniger Tag für Tag:
Alles kriegen ist unausstehlich!
Und wenn einer sich gar nichts mehr wünschen mag,
dann macht ihn auch gar nichts mehr fröhlich.
Die Kinder saßen mit traurigem Blick
unter all ihren Schätzen – im Missgeschick.
Das glaubst du wohl nicht?

Da schickten sie Fährtenfinder
in die weite Welt hinein,
zu suchen Herrn Borstenbinder
und den andern, Herrn Siebenzylinder,
und Herrn Wasdunichtmeinst obendrein,
und sie sollten bestellen: »Nehmt's wieder, dies Glück!
Unsre Freude ist dadurch verschwunden.«
Doch die Boten, sie kamen einzeln zurück,
hatten nirgends die dreie gefunden.
Da klagten die Kinder: »Dass Gott uns erlös'!
Und jetzt wissen wir's erst: Die drei waren bös!«
Das denkst du doch auch?

Und Verzweiflung beschlich sie im Stillen.
Da ergriff eins der kleinsten das Wort:
»Wenn sich all unsre Wünsche erfüllen,
dann wünschen wir einfach mit Willen
die Wünsche-Erfüllung fort!«
Sie befolgten den Rat und von Stund an war
wieder spannend das Leben und heiter.
Die Kinder war'n froh wie vor Tag und Jahr
und vielleicht gar ein wenig gescheiter.

Nur eine Sache wüsst' ich noch gern:
Waren gut oder bös die drei seltsamen Herrn?
Sag, was meinst du?

# Das zweite Rätsel

Es gibt ein rätselhaftes Wort:
Ein jeder kann es sagen
und tut es auch in einem fort
beim Rühmen und beim Klagen.

Wenn du es sagst, dann nie zu mir;
du kannst es einfach nicht!
Auch sagt's ein andrer nie zu dir,
ganz gleich, was er auch spricht.

Ein jeder meint dasselbe zwar
und sieht's als einzig an,
und darum meint – wie sonderbar! –
ein andres jedermann.

Niemand bekommt es zu Gesicht
und doch hat jeder seins;
denn was man sieht, das ist es nicht
in dieser Welt des Scheins.

Das Liebste ist es vielen schier,
wenn sie verblendet sind.
Doch, *dass* du's hast, das macht aus dir
erst ganz ein Menschenkind.

# Moni malt ein Meisterwerk

Moni und ich sind die besten Freunde, die man sich denken kann. Obwohl sie erst sechs ist und ich ungefähr zehnmal so alt bin, macht uns beiden dieser Unterschied ganz und gar nichts aus.

Wenn sie mich besuchen kommt, dann spielen wir miteinander, ohne uns je zu streiten. Oder wir unterhalten uns einfach so und teilen uns unsere Ansichten über die Welt und das Leben mit, wobei wir immer einer Meinung sind. Oder wir lesen uns gegenseitig aus unseren Lieblingsbüchern vor, dabei stört es uns kein bisschen, dass Moni noch gar nicht lesen kann, weil sie nämlich ihr Lieblingsbuch sowieso auswendig kennt und ich auch. Wir haben die größte Hochachtung voreinander, ich vor ihr, weil sie so ungewöhnliche Einfälle hat, und sie vor mir, weil ich ihre Einfälle zu würdigen weiß.

Manchmal machen wir uns kleine Geschenke, auch ohne dass ein besonderer Anlass wie Geburtstag oder Weihnachten oder so was besteht. Man sagt doch: »Kleine Geschenke erhalten die Freundschaft.« Daran liegt uns beiden viel.

Neulich zum Beispiel schenkte ich Moni einen Malkasten mit vielen schönen Farben und Papier und Pinsel.

Moni freute sich, und ich freute mich, dass sie sich freute. So ist das immer bei uns.

»Zum Dank«, sagte sie, »schenk ich dir auch was. Ich mal dir gleich jetzt ein schönes Bild.«

»Oh«, antwortete ich, »wirklich? Das ist aber nett von dir.«

»Was für ein Bild hättest du denn gern?«, wollte sie wissen.

Ich überlegte. »Am liebsten«, erklärte ich dann, »wäre mir eine Überraschung. Etwas, das du dir selbst ausgedacht hast.«

»Gut«, sagte sie und legte sofort los.

Sie kam vor Eifer fast mit der Zungenspitze bis zu den Nasenlöchern, und ich schaute ihr gespannt zu. Ich war außerordentlich neugierig, was ihr jetzt wieder einfallen würde.

Nach einer kleinen Weile schien das Werk vollendet zu sein. Sie legte den Kopf schief, brachte da und dort mit dem Pinsel noch eine kleine Verbesserung an und schob mir schließlich das Bild über den Tisch.

»Na?«, fragte sie erwartungsvoll. »Wie findest du es?«

»Ausgezeichnet«, antwortete ich. »Vielen Dank!«

»Erkennst du denn, was es ist?«

»Natürlich«, beeilte ich mich zu versichern, »es ist ein Osterhase.«

»Unsinn!«, rief Moni ein ganz klein wenig unwillig. »Wir sind doch mitten im Sommer. Wo soll denn da ein Osterhase herkommen?«

»Ich dachte«, murmelte ich etwas kleinlaut, »diese beiden Zipfel da, die in die Höhe stehen, könnten vielleicht die Ohren sein.«

Moni schüttelte den Kopf. »Das sind doch meine Zöpfe! Es ist ein Selbstbildnis von mir, siehst du das denn nicht?«

»Es muss an meiner Brille liegen«, entschuldigte ich mich und putzte die Gläser mit meinem Taschentuch. Nachdem ich sie wieder aufgesetzt hatte, betrachtete ich das Gemälde genauer. »Natürlich! Jetzt sehe ich es erst richtig«, sagte ich, »und es ist sogar ein ausgesprochen ähnliches Selbstbildnis. Jeder würde dich sofort erkennen. Entschuldige bitte.«

»Ich dachte mir«, meinte Moni, »es ist vielleicht besser als ein Foto.«

»Viel besser«, pflichtete ich bei.

»Ein Foto hat schließlich jeder«, fuhr sie fort.

»Richtig, das ist nichts Besonderes«, bestätigte ich, »aber das Selbstbildnis eines Künstlers besitzen die wenigsten – unter einer Million Menschen vielleicht einer. Es ist etwas Seltenes. Nochmals herzlichen Dank.«

Wir betrachteten eine Weile gemeinsam das Bild.

»Wenn du irgendwas auszusetzen hast«, sagte Moni großmütig, »dann sag's nur.«

»Überhaupt nicht«, versicherte ich, »wie käme ich dazu! Aber weil du es selbst vorschlägst – ich empfinde es als ein klein wenig beunruhigend, dass du auf dem Bild so irgendwie in der Luft schwebst. Könnte man nicht vielleicht ein Bett darunter malen, auf dem du liegst, damit du es gemütlicher hast? Ich meine nur.«

Wortlos drehte sie das Bild wieder zu sich, griff erneut zum Pinsel und malte mit brauner Farbe ein gewaltiges hölzernes Bettgestell um ihr

Selbstbildnis herum. Es hatte an allen vier Ecken hohe Säulen und oben drüber einen Baldachin – es war ein Himmelbett, wie eine Königin es sich nicht schöner wünschen konnte. Und es war so groß, dass es das ganze Blatt ausfüllte.

»Donnerwetter!«, sagte ich anerkennend. »Das nenne ich mir mal ein nobles Möbelstück.«

Aber jetzt wirkte die Figur, die da auf dem Bett lag, zweifellos etwas klein und kümmerlich, beinahe armselig. Ich sprach es nicht aus, aber da wir oft das Gleiche denken, hatte Moni von sich aus denselben Gedanken.

»Meinst du nicht auch«, meinte sie zweifelnd, »ich sollte mir jetzt doch vielleicht etwas Prächtigeres anziehen, damit es dazu passt?«

»Ehrlich gesagt, ja«, erwiderte ich, »ein so königliches Bett erfordert auch ein königliches Nachthemd.«

Also malte Moni über die Figur ein sehr langes und sehr weites Nachtgewand, das, wenn ich die Sache richtig erkannte, offenbar mit goldenen Sternen übersät war. Nur der Kopf mit den Zöpfen guckte oben noch heraus.

»Wie findest du es jetzt?«, fragte sie.

»Majestätisch!«, musste ich zugeben. »Wirklich sehr großzügig! Aber trotzdem mache ich mir Sorgen um deine Gesundheit.«

»Warum?«

»Nun ja, versteh mich recht – jetzt im Sommer ist es ja warm genug, um so zu schlafen, aber was machst du im Winter? Ganz ohne Bettdecke wirst du dich schrecklich erkälten, fürchte ich. Daran solltest du beizeiten denken.«

Moni hasste nichts mehr, als krank zu sein und Medizin schlucken zu müssen. Darum nahm sie sofort eine Menge weißer Farbe und malte über ihr Selbstbildnis samt dem luxuriösen Nachthemd ein dickes, riesiges Federbett. Jetzt guckten oben nur noch die Spitzen der Zöpfe heraus.

»Das sieht wirklich warm aus«, sagte ich. »Ich glaube, jetzt können wir beruhigt sein.«

Aber Moni war noch nicht zufrieden, ihr war eine neue Idee gekommen. Mit dunkelblauer Farbe malte sie schwere Samtvorhänge, die vom Baldachin herunterhingen und geschlossen waren. Sie selbst samt Nachthemd und Bettdecke war dahinter verschwunden.

»Nanu!«, rief ich verblüfft. »Was ist denn los?«

»Ich hab nur die Vorhänge zugemacht«, erklärte sie, »dazu sind sie doch da.«

»Tatsächlich«, gab ich zu, »was nützen Vorhänge, wenn sie offen sind? Da würde man ja überhaupt kein Himmelbett brauchen.«

»Und jetzt«, fuhr Moni ganz begeistert fort, »knipse ich das Licht aus.« Und sie malte das ganze Bild schwarz.

»Gute Nacht«, murmelte ich unwillkürlich.

Sie schob mir das fertige Gemälde herüber, auf dem jetzt nur noch absolute Finsternis herrschte. »Bist du jetzt endlich zufrieden?«, fragte sie.

Ich starrte eine Weile auf die Schwärze, dann nickte ich. »Es ist ein Meisterwerk«, sagte ich, »vor allem natürlich für denjenigen, der weiß, was in Wirklichkeit alles drauf ist.«

# Der wirkliche Apfel

## Hommage an Jacques Prévert

Ein Mann der Feder, berühmt und bekannt
als strenger Realist,
beschloss, einen einfachen Gegenstand
zu beschreiben, so wie er ist:
Einen Apfel zum Beispiel, zwei Groschen wert,
mit allem, was dazugehört.

Er beschrieb die Form, die Farbe, den Duft,
den Geschmack, das Gehäuse, den Stiel,
den Zweig, den Baum, die Landschaft, die Luft,
das Gesetz, nach dem er vom Baume fiel …

Doch das war nicht der wirkliche Apfel, nicht wahr?
Denn zu diesem gehörte das Wetter, das Jahr,
die Sonne, der Mond und die Sterne ...
Ein paar tausend Seiten beschrieb er zwar,
doch das Ende lag weit in der Ferne;
denn schließlich gehörte er selber dazu,
der all dies beschrieb, und der Markt und das Geld
und Adam und Eva und ich und du
und Gott und die ganze Welt ...

Und endlich erkannte der Federmann,
dass man nie einen Apfel beschreiben kann.
Von da an ließ er es bleiben,
die Wirklichkeit zu beschreiben.
Er begnügte sich indessen
damit, den Apfel zu essen.

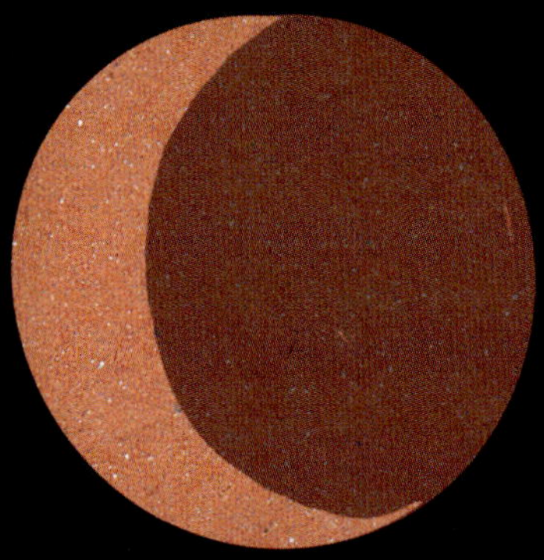

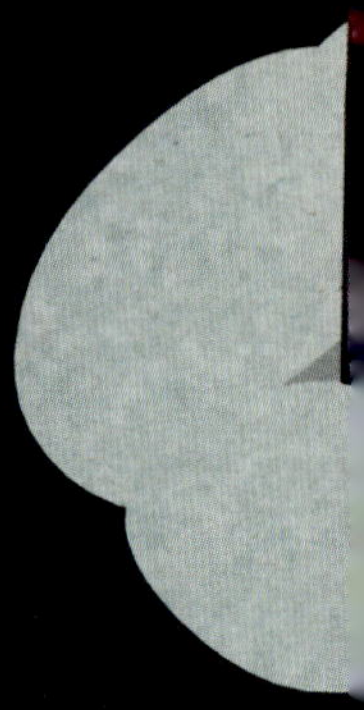

## Ein Zauberspruch gegen böse Träume

Ene bene subtrahene!
Keine Angst und keine Träne!
Schon ist alles nicht mehr schwer.

Böse Träume, lasst euch sagen:
Euch kann jedes Kind verjagen!
Kommt nur ja nicht zu mir her!

Um ein Ende euch zu machen,
brauch ich ja nur aufzuwachen
und schon gibt es euch nicht mehr!

Soll ich euch nicht so behandeln,
müsst ihr euch sofort verwandeln:
Gute Träume mag ich sehr!

Seid ihr gut, dann dürft ihr bleiben.
Seid ihr bös, wird euch vertreiben:
Ene bene timpe teer!

# Zum Einschlafen zu murmeln

Dusel dusel schummerlich
mir ist schon so schlummerlich.
Nur die gute alte Uhr
macht ihr Ticktack auf dem Flur.

Feines Kissen, weich und warm.
Liebes Kuscheltier im Arm.
Den Papa und die Mama
hab ich lieb und sie sind da.

Nirgends ist es wie im Bett
so gemütlich und so nett.
Was wohl morgen werden mag?
Morgen wird ein schöner Tag.

Dusel dusel schummerlich
sachte Welle schaukelt mich,
wie auf einem Schiffchen leise
geh ich auf die Traumesreise.

## Jim Knopf und Lukas – Sechzehntes Kapitel

### in dem Jim Knopf eine wesentliche Erfahrung macht

Jedermann, der einmal eine Wüste durchreist hat, weiß, dass die Sonnenuntergänge dort von ganz besonderer Pracht sind. Der Abendhimmel strahlt in allen Farben, vom feurigsten Orange bis zum zartesten Rosa, Hellgrün und Violett.

Lukas und Jim saßen auf dem Dach ihrer Lokomotive und baumelten mit den Beinen. Dabei aßen sie die Reste aus dem Proviantkorb auf und tranken den letzten Tee aus der goldenen Thermosflasche.

»Jetzt gibt's nichts mehr, bis wir neuen Proviant finden«, meinte Lukas sorgenvoll.

Die Hitze hatte etwas nachgelassen. Es war sogar ein leichter Wind aufgekommen, der beinahe kühl über sie hinstrich. Die Luftspiegelungen waren verschwunden, außer einer einzigen, die sich hartnäckig noch eine Weile zu halten versuchte. Es war aber nur eine ganz kleine Naturerscheinung: ein halbes Fahrrad, auf dem ein Igel saß. Es fuhr noch eine Viertelstunde lang etwas verloren in der Wüste umher, dann löste es sich auf.

Jetzt durften die beiden Freunde ziemlich sicher sein, dass die eben am Horizont untergehende Sonne die wirkliche Sonne war. Und da die Sonne bekanntlich immer im Westen untergeht, konnte Lukas jetzt ganz leicht bestimmen, wo Norden war und wie er zu fahren hatte. Die Abendsonne musste zum linken Fenster hereinschauen. Das war ganz einfach und so dampften sie los. Als sie eine Weile unterwegs waren und die Sonne sich anschickte hinter dem Horizont zu versinken, fiel Jim etwas Merkwürdiges auf. Bisher waren die Geier ihnen beständig hoch oben in der Luft gefolgt, aber nun drehten plötzlich alle zugleich um und flogen davon.

Sie schienen es sogar besonders eilig zu haben. Jim teilte Lukas seine Beobachtung mit.

»Vielleicht haben sie's endlich aufgegeben«, knurrte Lukas zufrieden.

Doch in diesem Augenblick stieß Emma plötzlich einen gellenden Pfiff aus, der wie ein Entsetzensschrei klang, und zugleich machte sie ganz von selbst kehrt und raste wie verrückt davon.

Lukas griff nach der Bremse und brachte Emma zum Stehen. Sie hielt zitternd und schnaufte, stoßweise keuchend.

»Nanu, Emma!«, rief Lukas. »Was sind denn das für neumodische Sitten?«

Jim wollte etwas sagen, als er zufällig nach hinten hinausblickte, und da blieb ihm das Wort im Halse stecken.

»Da!«, konnte er nur noch flüstern.

Lukas fuhr herum. Und was er nun draußen sah, das übertraf einfach alles, was ihm jemals vor Augen gekommen war.

Am Horizont stand ein Riese von so ungeheurer Größe, dass selbst das himmelhohe Gebirge »Die Krone der Welt« neben ihm wie ein Haufen Streichholzschachteln gewirkt hätte. Offenbar war er ein sehr alter Riese, denn er hatte einen langen weißen Bart, der ihm bis auf die Knie herabhing und merkwürdigerweise zu einem dicken Zopf geflochten war. Wahrscheinlich, weil es auf diese Weise einfacher war, den Bart in Ordnung zu halten. Man kann sich ja vorstellen, wie mühsam es sein muss, einen solchen Urwald jeden Tag zu kämmen! Auf dem Kopf trug der Riese einen alten Strohhut. Wo in aller Welt mochte es nur so riesige Strohhalme geben? Der gewaltige Leib steckte in einem alten, langen Hemd, das freilich größer war als die allergrößten Schiffssegel.

»Oh!«, stieß Jim hervor. »Das ist keine Fata! Schnell fort, Lukas! Vielleicht hat er uns noch nicht gesehen.«

»Immer mit der Ruhe!«, erwiderte Lukas und paffte kleine Wölkchen. Dabei beobachtete er den Riesen scharf. »Ich finde«, stellte er fest, »außer seine Größe sieht der Riese ganz manierlich aus.«

»W...w...was?«, stotterte Jim entsetzt.

»Nun ja«, meinte Lukas ruhig, »bloß weil er so groß ist, braucht er doch noch lange kein Ungeheuer zu sein.«

»Ja, aber ...«, stammelte Jim, »wenn er aber doch eins is'?«

Jetzt streckte der Riese sehnsüchtig die Hand aus. Dann ließ er sie hoffnungslos wieder sinken und ein tiefer Seufzer schien seine Brust zu heben. Zu hören war allerdings seltsamerweise nichts. Es blieb ganz still.

»Wenn er uns was tun wollte«, sagte Lukas, die Pfeife zwischen den Zähnen,

»dann hätte er das längst gekonnt. Er scheint gutartig zu sein. Möchte bloß wissen, warum er nicht näher kommt. Ob er sich am Ende vor uns fürchtet?«

»Oh, Lukas!«, stöhnte Jim, dem vor Angst die Zähne zu klappern anfingen. »Jetzt is' es aus mit uns!«

»Glaub ich nicht«, erwiderte Lukas. »Vielleicht kann uns der Riese sogar sagen, wie wir aus der verflixten Wüste herauskommen!«

Jim verschlug es die Rede. Er wusste nicht mehr, was er denken sollte.

Plötzlich hob der Riese beide Hände, faltete sie und rief mit einem ganz dünnen armseligen Stimmchen: »Bitte, bitte, ihr Fremden, lauft nicht fort! Ich will euch gewiss nichts tun!«

Bei seiner Größe hätte die Stimme eigentlich wie ein Donnerwetter klingen müssen. Das war aber keineswegs der Fall. Was konnte das für einen Grund haben?

»Mir scheint«, brummte Lukas, »das ist ein ganz harmloser Riese. Er kommt mir sogar sehr nett vor. Nur mit seiner Stimme ist irgendwas nicht in Ordnung.«

»Vielleicht verstellt er sich!«, rief Jim voller Angst. »Er will uns wahrscheinlich fangen und einkochen. Ich hab mal von so einem Riesen gehört. Bestimmt, Lukas!«

»Du traust ihm nicht, bloß, weil er so mächtig groß ist«, antwortete Lukas. »Aber das ist kein Grund. Dafür kann er schließlich nichts.«

Jetzt ließ sich der Riese am Horizont auf die Knie nieder und rief mit flehentlich gefalteten Händen:

»Ach bitte, bitte, glaubt mir doch! Ich will euch nichts tun, ich will nur mit euch reden. Ich bin so allein, so schrecklich allein!« Wieder klang die Stimme seltsam kläglich und dünn.

»Der arme Kerl kann einem ja leidtun«, sagte Lukas. »Ich werd ihm mal winken, damit er merkt, dass wir nichts Böses im Sinn haben.«

Mit Entsetzen beobachtete Jim, wie Lukas sich aus dem Fenster beugte, höflich die Mütze zog und mit seinem Taschentuch winkte. Jetzt würde das Unheil gleich über sie hereinbrechen! Der Riese erhob sich langsam. Er schien unschlüssig und ganz verwirrt.

»Heißt das«, rief er mit seinem dürftigen Stimmchen, »ich darf näher treten?«

»Jawohl!«, schrie Lukas durch die hohle Hand und winkte freundlich mit dem Taschentuch. Der Riese machte vorsichtig einen Schritt auf die Lokomotive zu. Dann hielt er inne und wartete.

»Er glaubt uns nicht«, knurrte Lukas. Kurz entschlossen stieg er aus und ging dem Riesen winkend entgegen.

Jim verschwamm vor Entsetzen alles vor den Augen. Vielleicht hatte Lukas einen Sonnenstich bekommen?

Aber wie auch immer, Jim konnte seinen Freund Lukas unmöglich allein in eine solche Gefahr hineinlaufen lassen. Also stieg er ebenfalls aus und rannte hinter Lukas her, obwohl ihm dabei die Knie zitterten.

»Warte doch, Lukas!«, keuchte er. »Ich komm mit!«

»Na, siehst du!«, sagte Lukas und schlug ihm freundschaftlich auf die Schulter. »Das ist schon viel besser! Angst taugt nämlich nichts. Wenn man Angst hat, sieht meistens alles viel schlimmer aus, als es in Wirklichkeit ist.«

Als der Riese sah, wie der Mann und der kleine Junge aus der Lokomotive ausstiegen und winkend auf ihn zukamen, wurde ihm klar, dass er wirklich unbesorgt sein durfte. Sein unglückliches Gesicht hellte sich auf.

»Also, Freunde«, rief er mit seiner dünnen Stimme, »dann komme ich jetzt!«

Und damit setzte er sich in Bewegung und schritt auf Jim und Lukas zu. Aber was nun geschah, war so erstaunlich, dass Jim Mund und Nase aufsperrte und Lukas an seiner Pfeife zu ziehen vergaß.

Der Riese kam Schritt für Schritt näher und bei jedem Schritt wurde er ein Stückchen kleiner. Als er etwa noch hundert Meter entfernt war, schien er nicht mehr viel größer zu sein als ein hoher Kirchturm. Nach weiteren fünfzig Metern hatte er nur noch die Höhe eines Hauses. Und als er schließlich bei Emma anlangte, war er genauso groß wie Lukas der Lokomotivführer. Er war sogar fast einen halben Kopf kleiner. Vor den beiden staunenden Freunden stand ein magerer alter Mann mit einem feinen und gütigen Gesicht.

»Guten Tag!«, sagte er und nahm seinen Strohhut ab. »Ich weiß gar nicht, wie ich euch danken soll, dass ihr nicht vor mir weggelaufen seid. Seit vielen Jahren schon sehne ich mich danach, dass einmal jemand so viel Mut aufbringen würde. Aber niemand hat mich bis jetzt näher kommen lassen. Dabei sehe ich doch nur von ferne so schrecklich groß aus. Ach, übrigens – ich habe ganz vergessen mich vorzustellen: Mein Name ist Tur Tur. Mit Vornamen heiße ich Tur und mit Nachnamen auch Tur.«

»Guten Tag, Herr Tur Tur«, antwortete Lukas höflich und nahm seine Mütze ab, »mein Name ist Lukas der Lokomotivführer.« Er ließ sich seine Verwunderung kein bisschen anmerken und tat, als sei die sonderbare Begegnung ganz selbstverständlich. Lukas war eben wirklich ein Mann, der wusste, was sich gehört!

Nun raffte sich auch Jim auf, der Herrn Tur Tur noch immer mit offenem Mund angestarrt hatte, und sagte: »Ich heiße Jim Knopf.«

»Ich freue mich wirklich ungemein«, sagte Herr Tur Tur, diesmal zu Jim gewendet. »Vor allem darüber, dass ein so junger Mann wie Sie, mein lieber Herr Knopf, schon so außergewöhnlich beherzt ist. Sie haben mir einen bedeutenden Dienst erwiesen.«

»Oh ... ach ... ich ... eigentlich ...«, stotterte Jim und errötete unter seiner schwarzen Haut bis an beide Ohren. Er schämte sich plötzlich ganz gewaltig, denn in Wahrheit war er ja durchaus nicht mutig gewesen. Und im Stillen nahm er sich vor, nie wieder vor irgendetwas oder irgendwem Angst zu haben, bevor er ihn oder es nicht aus der Nähe betrachtet hätte. Man konnte ja nie wissen, ob es nicht so ähnlich war wie mit Herrn Tur Tur. Er gab sich in Gedanken selbst das Ehrenwort, immer daran zu denken.

»Wissen Sie«, sagte Herr Tur Tur jetzt wieder zu Lukas, »in Wirklichkeit bin ich nämlich gar kein Riese. Ich bin nur ein Scheinriese. Aber das ist eben das Unglück. Deshalb bin ich so einsam.«

»Das müssen Sie uns näher erklären, Herr Tur Tur«, entgegnete Lukas. »Sie sind nämlich der erste Scheinriese, dem wir begegnen, müssen Sie wissen.«

»Ich will es Ihnen gern erklären, so gut ich kann«, versicherte Herr Tur Tur. »Aber nicht hier. Darf ich mir erlauben, meine Herren, Sie in meine bescheidene Hütte zu Gast zu laden?«

»Wohnen Sie denn hier?«, fragte Lukas erstaunt. »Mitten in der Wüste?«

»Allerdings«, antwortete Herr Tur Tur lächelnd, »ich wohne mitten im ›Ende der Welt‹. Nämlich bei der Oase.«

»Was is' eine Oase?«, fragte Jim vorsichtig. Er befürchtete schon wieder irgendeine Überraschung.

»Oase«, erklärte Herr Tur Tur, »nennt man eine Quelle oder eine andere Wasserstelle in der Wüste. Ich werde Sie hinführen.«

Aber Lukas wollte lieber mit Emma fahren. Schon damit Emma bei der Gelegenheit neues Wasser tanken konnte. Es dauerte jedoch eine ganze Weile, bis Lukas und Jim den ängstlichen Scheinriesen davon überzeugt hatten, dass es ganz ungefährlich sei mit einer Lokomotive zu fahren. Schließlich stiegen alle drei auf und dampften los.

# Der Unsichtbare

Es war einmal ein Mann, der war
zu seinem Kummer unsichtbar,
doch war er so nicht immer.
Er war's geworden mit der Zeit,
doch nicht durch Zauber oder Eid,
die Sache stand viel schlimmer!

Vor vielen Jahren war er doch
verhältnismäßig sichtbar noch!
Wodurch sein Bild sich trübte,
das war, dass niemand auf der Welt
sich je zu ihm als Freund gesellt,
der ihn von Herzen liebte.

Doch der, den keiner gerne hat,
der geht vergessen durch die Stadt,
ein Niemand hier auf Erden!
Zuerst vergeht sein Name nur,
sodann verliert er die Kontur –
unsichtbar muss er werden.

So ging der Mann nun stets umher.
Die Leute wunderten sich sehr,
erschrocken oder heiter:
Zwar seinen Anzug sah man gut,
darüber schwebte meist ein Hut,
dazwischen war nichts weiter.

Da ward's ihm eines Tags zu dumm,
er ging zu einem Künstler drum,
ließ eine Maske schnitzen:
»Sie soll«, sprach er, »falls es das gibt,
so schön sein, dass mich jeder liebt,
und muss vortrefflich sitzen.«

Und als die Maske war gemacht,
trug sie der Mann bei Tag und Nacht,
viel Menschen er betörte.
Doch weil's nur um die Maske war,
blieb er in Wahrheit unsichtbar,
was niemand weiter störte.

Er blieb's, bis ihn der Tod entlarvt'.
Ich aber will ganz unbedarft
die Kinderweisheit schreiben:
Sei dankbar jedem, der dich liebt,
sei selber wer, der Liebe gibt –
damit wir sichtbar bleiben!

# Die Geschichte von der Schüssel und vom Löffel

Es gab einmal zwei Königreiche, das eine lag links von einem hohen Berg und das andere rechts. Deshalb hieß der eine König der linke König, und der andere wurde der rechte König genannt. Dahinter soll nun niemand irgendetwas Tiefsinniges vermuten, sie hießen wirklich einfach nur so, und es hätte genauso gut umgekehrt sein können.

Der hohe Berg zwischen den beiden Reichen war ziemlich mühsam zu erklettern, deshalb tat es nie jemand, und so wussten die beiden Könige kaum etwas voneinander. Einer kümmerte sich nicht viel um den anderen. Und das ist bei Königen ja meist eher ein Vorteil.

Der rechte König hieß Kamuffel und der linke Pantoffel. Natürlich hatte jeder von ihnen auch eine Königin, die ihm beim Regieren half. Kamuffels Frau hieß Kamelle, und Pantoffels Frau hieß Pantine.

Da die beiden Reiche ziemlich klein waren, gab es übrigens nicht viel zu regieren. Deshalb spielte Kamuffel meistens mit Kamelle im Garten seines Schlosses Minigolf, jedenfalls im Sommer. Im Winter spielten sie Siebzehnundvier in ihrem Thronsaal.

Pantoffel dagegen spielte mit Pantine sommers im Garten Federball und im Winter im Thronsaal Zank-Patience. Das war der Unterschied.

Nun begab es sich, dass jede der beiden Königinnen zur gleichen Zeit ein Kind bekam. Pantine bekam einen Prinzen und Kamelle eine Prinzessin. Der Prinz wurde auf den Namen Saffian getauft und die Prinzessin auf den Namen Praline.

Zur Kindstaufe wurden von beiden Königshäusern Einladungskarten an die jeweilige Verwandtschaft geschickt. Könige und Königinnen haben häufig eine sehr weitverzweigte und unübersichtliche Verwandtschaft. Und so geschah es, was ja auch in anderen Märchen schon vorgekommen ist: Eine besonders empfindliche Urgroßstiefcousine dreizehnten Grades, die zufälligerweise sowohl mit dem linken wie auch mit dem rechten Königshause gleichermaßen verwandt war, wurde von beiden vergessen.

Sie hieß Serpentine Irrwisch, lebte in einem fernen Lande unter einem ganz anderen Namen und war von Beruf offiziell Flohbändigerin. Inoffiziell und im Geheimen aber war sie Fee, und zwar eine böse.

Serpentine Irrwisch nahm die Sache schrecklich übel. »Wenn nur die einen mich vergessen hätten«, sagte sie zu sich, »dann würde ich eben zu der anderen Veranstaltung gehen – oder umgekehrt. Aber dass beide mich vergessen, das geht zu weit! Die Leute sollen mich kennenlernen! Und zwar so, dass sie noch lange an mich denken werden.«

Und sie setzte sich auf ihren Feuerstuhl und brauste los.

Nun können böse Feen manches, was für normale Menschen unmöglich ist. Zum Beispiel können sie auf zwei Hochzeiten oder zwei Kindstaufen gleichzeitig tanzen. Wie sie das machen, wissen sie allein, und sie sagen es natürlich niemandem weiter.

Jedenfalls war die Verlegenheit bei beiden Königspaaren riesengroß, als plötzlich Serpentine Irrwisch unter den Festgästen auftauchte.

»Es tut uns wirklich schrecklich leid, liebe Urgroßstiefcousine«, sagte König Kamuffel, »dass uns dieses Versehen passiert ist. Wir waren einfach nur etwas konfus wegen der Geburt des Kindes und so weiter. Es war nicht bös gemeint.«

Und mehrere Meilen weit fort auf der anderen Seite des Berges sagte im gleichen Augenblick König Pantoffel ganz genau dasselbe.

»Aber wir freuen uns natürlich, dass du trotzdem gekommen bist, liebe Serpentine«, setzte Königin Kamelle hinzu und küsste sie links und rechts auf die Wangen, »und nun ist doch hoffentlich alles wieder in Ordnung, nicht wahr?«

Und im anderen Königreich sprach Pantine gleichzeitig dieselben Worte.

»Na ja«, antwortete Serpentine Irrwisch auf beiden Seiten zu dem jeweiligen Königspaar, »zur Erinnerung an diesen Tag und an mich habe ich euch jedenfalls was Schönes mitgebracht.«

Und nun überreichte sie dem rechten Königspaar Kamuffel und Kamelle eine porzellanene Suppenschüssel. Auf dieser Suppenschüssel war in schöner blauer Farbe ein Schöpflöffel abgebildet, auf dem wiederum eine Suppenschüssel zu sehen war und auf dieser ganz klein ein Schöpflöffel und so immer weiter und immer kleiner bis zur Unsichtbarkeit.

»Dies«, erklärte Serpentine Irrwisch, »ist keine gewöhnliche Suppenschüssel, sondern eine mit ganz besonderen Eigenschaften. Davon merkt man allerdings nichts, solange man nicht mit dem dazugehörigen Schöpflöffel in dieser Schüssel herumrührt. Sobald man das aber tut, füllt sich die Schüssel ganz von selbst mit der leckersten und nahrhaftesten Suppe, die man sich wünschen kann. Und sie bleibt immer voll, so viele hungrige Mäuler auch von der Suppe essen.«

Kamuffel machte große Augen und Kamelle fragte: »Und wo, bitte, ist der dazugehörige Schöpflöffel?«

»Das müsst ihr schon selber herausfinden«, antwortete Serpentine Irrwisch mit boshaftem Lächeln.

Genau zum gleichen Zeitpunkt überreichte sie dem linken Königspaar Pantoffel und Pantine den porzellanenen Schöpflöffel. Auf diesem Schöpflöffel war in schöner blauer Farbe eine Suppenschüssel abgebildet, auf der wiederum ein Schöpflöffel zu sehen war und auf diesem eine Schüssel und so immer weiter und immer kleiner bis zur Unsichtbarkeit.

»Dies«, erklärte Serpentine Irrwisch, »ist kein gewöhnlicher Schöpflöffel, sondern einer mit ganz besonderen Eigenschaften. Davon merkt man allerdings nichts, solange man mit ihm nicht in der dazugehörigen Suppen-

schüssel herumrührt. Sobald man das aber tut, füllt sich die Schüssel ganz von selbst mit der leckersten und nahrhaftesten Suppe, die man sich wünschen kann. Und sie bleibt immer voll, so viele hungrige Mäuler auch von der Suppe essen.«

Pantoffel machte große Augen, und Pantine fragte: »Und wo, bitte, ist die dazugehörige Suppenschüssel?«

»Das müsst ihr schon selbst herausfinden«, antwortete Serpentine Irrwisch und lächelte niederträchtig.

Danach setzte sie sich auf ihren Feuerstuhl und brauste aus beiden Ländern gleichzeitig davon. Aber nicht für immer. Sie kommt in dieser Geschichte noch einmal vor.

Löffel und Schüssel jedoch waren nun da. Die beiden Königspaare sahen beunruhigt der Staubwolke nach, die Serpentine Irrwisch hinterließ, und begannen nachzudenken, was sie mit ihrem jeweiligen Geschenk eigentlich anfangen sollten. Aber das Nachdenken erwies sich als mindestens ebenso anstrengend wie das Bergsteigen.

Zuerst einmal versuchten König Pantoffel und Königin Pantine, in allen möglichen Schüsseln und Töpfen herumzurühren, die sie nur finden konnten. Das ganze Reich wurde auf den Kopf gestellt, aber keine einzige Schüssel war darunter, die sich von selbst mit Suppe füllte.

Ebenso versuchten König Kamuffel

und Königin Kamelle, mit allen nur erreichbaren Löffeln in ihrer Schüssel herumzurühren, aber von Suppe zeigte sich keine Spur.

»Was für ein Löffel kann das nur sein?«, fragte Kamuffel schließlich entmutigt. »Es muss wohl ein ganz besonderer Löffel sein, meinst du nicht, meine Liebe?«

»Sicherlich«, antwortete Kamelle. »Wahrscheinlich ist es der Löffel, der auf der Schüssel abgebildet ist.«

»Du bist phänomenal, meine Liebe!«, rief Kamuffel bewundernd. »Da wäre ich nie drauf gekommen.«

Zur gleichen Stunde fragte Pantoffel seine Frau: »Was für eine Schüssel kann das nur sein? Es muss wohl eine ganz besondere Schüssel sein, meinst du nicht, meine Teure?«

Und Pantine antwortete: »Vielleicht ist es die Schüssel, die auf dem Löffel abgebildet ist.«

»Du bist genial, meine Teure!«, rief König Pantoffel bewundernd. »Das hätte ich nie herausgefunden.«

Und nun wurde in jedem Königreich ein Bote ausgeschickt, der in aller Herren Länder nach dem jeweiligen Gegenstück fragen sollte. Der Bote aus dem linken Königreich suchte nach einer Schüssel, auf der ein Löffel abgebildet war, auf dem eine Schüssel zu sehen war und so weiter, während der Bote aus dem rechten Königreich nach einem Löffel suchte, auf dem eine Schüssel abgebildet war, auf der ein Löffel zu sehen war und so weiter. Die Boten suchten in der ganzen Welt, nur ausgerechnet nicht im benachbarten Königreich. Und außerdem wiederholten sie sich ständig ihren Auftrag: »... ein Löffel, auf dem eine Schüssel ist, auf der ein Löffel ist, auf dem eine Schüssel ist ...« oder: »... eine Schüssel, auf der ein Löffel ist, auf dem eine Schüssel ist, auf der ein Löffel ist ...«, bis sie schließlich selber nicht mehr wussten, was sie nun eigentlich suchen sollten, eine Schüssel oder einen Löffel. Aber nach Hause trauten sie sich auch nicht mehr, so unverrichteter Dinge, deshalb reisten sie einfach so weiter.

Die Königspaare hatten das anstrengende Nachdenken längst aufgegeben. Die Schüssel mit dem Löffel drauf oder den Löffel mit der Schüssel drauf hatten sie jeweils unter die anderen Kostbarkeiten in eine Glasvitrine in ihrer guten Stube getan. Dort verstaubten die Sachen langsam und niemand dachte mehr an sie. So vergingen die Jahre.

Inzwischen waren Prinz Saffian und Prinzessin Praline herangewachsen und waren nun zwei bildhübsche und sehr nette und gescheite Kinder. Da es ihnen zu Hause meist zu langweilig war, waren sie beide eines Tages auf den unbequemen Berg hinaufgeklettert und hatten sich auf dem Gipfel zum ersten Mal getroffen. Sie hatten sich gleich sehr gut verstanden, und außerdem gefielen sie sich auch gegenseitig über die Maßen; und so verabredeten sie seither immer wieder, sich dort oben zu treffen und miteinander zu spielen, denn sie wussten, dass ihnen dort hinauf niemand folgen würde. Und natürlich kamen sie auch irgendwann einmal auf die Sache mit dem Löffel und der Schüssel zu sprechen, die ja eigentlich ihre Taufgeschenke waren.

»Wir haben zu Hause eine Schüssel, auf der ein Löffel abgebildet ist, auf dem man eine Schüssel sieht und so weiter«, sagte Prinzessin Praline.

»Und wir haben zu Hause einen Löffel, auf dem eine Schüssel abgebildet ist, auf der man einen Löffel sieht und so weiter«, sagte Prinz Saffian.

»Dann ist doch alles ganz einfach«, meinte Prinzessin Praline. »Wir müssen die Sachen einfach zusammentun, und fertig.«

»Ich bin ganz deiner Meinung«, erwiderte Prinz Saffian. »Wir werden das unseren königlichen Eltern sagen.«

Danach gaben sich beide einen Kuss und stiegen in ihre jeweiligen Königreiche hinunter.

Die Eltern hörten sich an, was die Kinder an Neuigkeiten zu erzählen hatten, aber es stellte sich heraus, dass

nach Meinung der Königspaare die Sache keineswegs einfach war.

»Hättest du doch nur nichts von unserem Löffel gesagt«, seufzte König Pantoffel und blickte seinen Sohn bekümmert an. »Du hast leider überhaupt kein Gefühl für diplomatische Klugheit. Was soll nur aus dir werden, lieber Saffian?«

»Warum?«, fragte Saffian.

»Sie werden uns die Schüssel niemals geben«, sagte Königin Pantine, »wo sie doch nun wissen, dass wir den Löffel haben. Da hast du etwas Schlimmes angerichtet, dummer Junge.«

»Aber wir könnten uns doch einfach zusammentun«, schlug Prinz Saffian vor.

»Einfach zusammentun!«, rief König Pantoffel klagend. »Hat man so was schon je gehört! Nichts ist einfach auf dieser Welt, das solltest du dir beizeiten merken.«

Und im anderen Königreich sagte König Kamuffel zu seiner Tochter: »Hättest du doch nur nichts von unserer Schüssel gesagt! Wirst du denn niemals lernen, wie man wichtige Staatsgeschäfte behandeln muss? So wird niemals eine richtige Prinzessin aus dir, liebe Praline.«

»Warum?«, wollte das Mädchen wissen.

»Es ist doch ganz klar«, sagte Königin Kamelle, »dass sie uns den Löffel nicht geben werden, nachdem sie nun wissen, dass wir die Schüssel haben. Du hast alles verdorben, törichtes Kind.«

»Aber wir könnten uns doch einfach zusammentun«, schlug Prinzessin Praline vor. »Einfach zusammentun!«, rief König Kamuffel schmerzerfüllt. »So geht das leider nicht. Bei Staatsgeschäften ist nichts einfach, daran solltest du immer denken.«

Da wurden beide Kinder traurig und ließen die Köpfe hängen.

Nun berief König Pantoffel eine streng geheime Kabinettssitzung ein, an der nur er und Königin Pantine teilnehmen durften. Zur gleichen Zeit tat König Kamuffel das Gleiche mit Königin Kamelle.

»Eines steht fest«, sagte König Pantoffel, »der Löffel mit der Schüssel drauf nützt uns überhaupt nichts ohne die Schüssel mit dem Löffel drauf.«

»Eines ist sicher«, sagte König Kamuffel, »die Schüssel mit dem Löffel drauf nützt uns überhaupt nichts ohne den Löffel mit der Schüssel drauf.«

»Wenn wir die Schüssel mit dem Löffel drauf hätten«, fügte Königin Pantine hinzu, »könnten wir alle Ernährungsfragen für uns und unsere Untertanen ein für alle Mal lösen.«

»Wenn wir den Löffel mit der Schüssel drauf besäßen«, erklärte Königin Kamelle, »wären alle Ernährungsfragen für uns und unsere Untertanen für immer gelöst.«

So weit war die Sache ganz klar. Nur wie man das, was jeweils die anderen hatten, bekommen konnte, das war das Problem. Keinem der beiden Königspaare fiel eine annehmbare Lösung ein, und sie hätten die ganze Angelegenheit am liebsten vergessen, aber das ging nun nicht mehr, weil sie ja jetzt wussten, dass die anderen gerade das hatten, was ihnen selbst fehlte. Das wurmte sie. So verging ein ganzes Jahr.

Die beiden Kinder trafen sich natürlich weiter wie bisher insgeheim auf dem Berggipfel. Für sie wäre die Sache wirklich ganz einfach gewesen, aber sie hatten ja leider nichts zu sagen.

Eines Tages, während Pantoffel und Pantine in ihrem Schlossgarten lustwandelten, kam die Königin auf eine Idee. Und damit auch bestimmt kein Unbefugter zuhörte, flüsterte sie sie ihrem Gemahl ins Ohr: »Wenn für uns der Löffel mit der Schüssel drauf nichts wert ist ohne die Schüssel mit dem Löffel drauf, dann ist doch für die anderen die Schüssel mit dem Löffel drauf ebenfalls nichts wert ohne den Löffel mit der Schüssel drauf.«

»Das ist richtig, meine Teure«, sagte Pantoffel.

»Dann könnte man«, fuhr die Königin fort, »ihnen die Schüssel mit dem Löffel drauf, die für sie nichts wert ist, doch einfach abkaufen.«

»Das ist ein guter Plan!«, rief König Pantoffel erfreut. »Die Schüssel mit dem Löffel drauf ist uns schon so gut wie sicher. Du bist wirklich phänomenal, meine Teure!«

Nun gab es im linken Königreich einen Innenminister, der aus Sparsamkeitsgründen zugleich Außenminister war. Er hieß Balduin Bückling und wurde mit »Exzellenz« angeredet. Er hatte eine Jacke, die er jeweils dem Amt entsprechend umwenden konnte – als Außenminister war die Jacke rot mit schwarzen Streifen, als Innenminister war sie schwarz mit roten Streifen.

Als König Pantoffel ihn zu sich rufen ließ, kam er zunächst als Innenminister, die Jacke war schwarz mit roten Streifen.

»Nein, Exzellenz Bückling«, sagte der König, »es handelt sich diesmal durchaus um eine äußere Angelegenheit.«

»Oh!«, rief der Innenminister und wendete die Jacke um. Nun war sie rot mit schwarzen Streifen, und er war Außenminister. »Worum handelt es sich, Majestät?«, fragte er und verbeugte sich.

»Nein, Exzellenz Bückling«, sagte der König, »Ihr müsst die Jacke ganz ausziehen, denn es handelt sich um einen Auftrag inkognito.«

»Ah!«, rief der Innen- und Außenminister und zog die Jacke aus. Dann musste er sich einen weißen Bart ankleben, eine Sonnenbrille aufsetzen und sich einen alten, geflickten Anzug anziehen. Nun war er inkognito.

Dann sagte ihm König Pantoffel genau, was er tun sollte.

Balduin Bückling bekam einen Handwagen mit allerlei Hausrat darauf. Damit fuhr er um die linke Seite des Berges herum, bis er ins rechte Königreich kam. Vor dem Schloss von König Kamuffel hielt er an und rief mit lauter Stimme seine Waren aus: »Ich kaufe und verkaufe alte und neue Sachen. Ich zahle gut und verlange wenig. Wollt ihr einen vorteilhaften Handel machen, dann kommt und nutzt die Gelegenheit!«

Die Untertanen des rechten Königreiches kamen herbei und brachten ihre alten Sachen, und der Händler kaufte sie ihnen für gutes Geld ab oder tauschte sie gegen neue. Die Leute dachten im Stillen, dass der alte Kerl offenbar nicht ganz richtig im Kopf war. Aber jeder wollte die Gelegenheit nutzen und tat es auch.

Königin Kamelle guckte zum Fenster ihres Schlosses heraus, um zu sehen, was da los war. Natürlich wollte sie auch die günstige Gelegenheit nutzen, kam rasch herunter und tauschte ein paar alte Kochtöpfe gegen neue um.

Da sagte der Händler zu ihr: »Ich mache Euch einen Vorschlag, Frau Königin. Ihr habt da doch so eine komische Suppenschüssel, auf der ein Schöpflöffel abgebildet ist, auf dem wieder eine Suppenschüssel zu sehen ist. Damit könnt Ihr doch überhaupt nichts anfangen. Verkauft sie mir, ich zahle Euch ein hübsches Sümmchen dafür, oder ich tausche Euch dafür ein, was Ihr wollt.«

»Nein, guter Mann«, antwortete Königin Kamelle, »die Schüssel ist mir nicht feil. Aber ich mache dir einen anderen Vorschlag. Bring mir aus dem linken Königreich den Schöpflöffel, auf dem eine Suppenschüssel abgebildet ist, auf der man den Schöpflöffel sieht, dann zahle ich dir ein hübsches Sümmchen dafür oder tausche dir ein, was du willst.«

»Aussichtslos!«, rief der Händler. »Ich habe dort schon gefragt, aber die wollen den Löffel um keinen Preis hergeben. Darum ist die Schüssel für Euch ja eben ganz und gar wertlos, und sie wird es bis in alle Zukunft bleiben. Wenn Ihr sie mir aber verkauft, dann bekommt Ihr wenigstens viel Geld dafür. Scheint Euch mein Angebot nicht ausnehmend vernünftig?«

»Vernünftig«, erwiderte die Königin, »ist nur, was ich vorschlage. Da wir nämlich die Schüssel um keinen Preis hergeben werden, ist der Löffel für die anderen ganz und gar wertlos. Es wird ihnen schon nichts anderes übrig bleiben, als früher oder später unser Angebot anzunehmen. Sag ihnen das!«

Da merkte der Innen- und Außenminister inkognito, dass er durchschaut worden war, und kehrte unverrichteter Dinge in das linke Königreich zurück, natürlich wieder um die linke Seite des Berges herum.

Alles in allem hatte er wirklich ein miserables Geschäft gemacht. König Pantoffel und Königin Pantine waren sehr unzufrieden mit ihm, aber noch mehr ärgerten sie sich über König Kamuffel und Königin Kamelle und sagten, das seien Leute, mit denen man eben einfach nicht vernünftig reden könne.

Inzwischen begannen König Kamuffel und Königin Kamelle nachzudenken. Auch sie beriefen eine Kabinettssitzung ein, die so geheim war, dass nur sie beide daran teilnehmen durften.

»Eigentlich«, meinte Kamelle, »hat dieser verkleidete Händler doch nicht so ganz unrecht gehabt. Wenn wir den Löffel mit der Schüssel drauf tatsächlich nie und nimmer bekommen können, dann ist die Schüssel mit dem Löffel drauf für uns ganz wertlos.«

»Da hast du nur allzu recht, meine Liebe«, antwortete Kamuffel.

»Wie wäre es dann«, fuhr Kamelle fort, »wenn wir die wertlose Schüssel gegen den wertvollen Löffel eintauschten? Wäre das nicht ein vorteilhafter Handel?«

»Das ist ein guter Plan!«, rief König Kamuffel erfreut. »Dagegen lässt sich wirklich nichts sagen. Du bist einfach genial, meine Liebe!«

Auch im rechten Königreich gab es einen Innenminister, der zugleich Außenminister war. Er hieß Kunibert Kratzfuß und wurde ebenfalls mit »Exzellenz« angeredet. Die Sache mit der Jacke war bei ihm umgekehrt: Als Innenminister war sie rot mit schwarzen Streifen, als Außenminister wendete er sie um, dann war sie schwarz mit roten Streifen.

Aber als er nun zu König Kamuffel gerufen wurde, zog er die Jacke gar nicht an, weil er nicht wusste, ob er als Innen- oder als Außenminister kommen sollte. Er trug sie einfach zusammengerollt über dem Arm.

»Nein, Exzellenz Kratzfuß«, sagte der König, »Ihr müsst die Jacke sogleich anziehen, denn es handelt sich um eine offizielle Staatsangelegenheit.«

»Oh!«, rief Kunibert Kratzfuß und zog eilig die Jacke an. Sie war rot mit schwarzen Streifen, er war nun also Innenminister.

»Worum handelt es sich, Majestät?«, fragte er und verbeugte sich.

»Nein, Exzellenz Kratzfuß«, sagte der König, »Ihr müsst sie andersherum anziehen, denn Ihr müsst in diplomatischem Auftrag ins Ausland.«

»Ah!«, rief der Innen- und Außenminister und zog die Jacke wieder aus. Er wendete sie von innen nach außen und schlüpfte wieder hinein. Nun war er Außenminister.

König Kamuffel erklärte ihm genau, was er tun sollte, und Königin Kamelle holte die Porzellanschüssel mit dem Löffel drauf, wickelte sie in eine Menge Zeitungspapier und tat sie in einen Rucksack. Damit wurde Kunibert Kratzfuß nun in offizieller Staatsmission losgeschickt.

Er reiste um die rechte Seite des Berges herum und kam in das Schloss von König Pantoffel und Königin Pantine.

Nachdem er ihnen den Tausch vorgeschlagen hatte, zog sich das linke Königspaar erst einmal in das geheime Kabinett zur Beratung zurück.

»Eines steht fest«, sagte König Pantoffel, »der Löffel mit der Schüssel drauf ist für uns tatsächlich nutzlos, solange wir nicht die Schüssel mit dem Löffel drauf haben.«

»Da hast du absolut recht, lieber Mann«, antwortete Pantine. »Ich bewundere deinen Scharfsinn!«

»Wenn man logisch denkt«, fuhr Pantoffel fort, »muss man also einsehen, dass die Schüssel mit dem Löffel drauf für uns wertvoller ist als der Löffel mit der Schüssel drauf. Das ist ein zwingender Schluss.«

»Richtig«, meinte Pantine, »wenn wir also unseren wertlosen Löffel gegen die wertvolle Schüssel eintauschen, ist das für uns ein vorteilhafter Handel.«

»So betrachtet gibt es keinen besseren«, bestätigte Pantoffel. »Du bist wirklich phänomenal, meine Teure.«

Das Königspaar kam wieder aus seinem geheimen Gemach hervor, und das Geschäft wurde abgeschlossen.

Sie bekamen vom Außenminister Kunibert Kratzfuß ganz offiziell die Schüssel mit dem Löffel drauf überreicht, und der Außenminister Kunibert Kratzfuß bekam ganz offiziell von ihnen den Löffel mit der Schüssel drauf.

Hochbeglückt reiste der Innen- und Außenminister zurück, natürlich um die rechte Seite des Berges herum.

Nun waren zwar beide Königspaare davon überzeugt, dass sie etwas viel Wertvolleres besaßen als vorher, aber anfangen konnten sie mit ihrem Schatz so wenig wie eh und je. Deshalb fühlten sie sich jeweils von den anderen wissentlich und absichtlich hereingelegt und wurden ernstlich böse aufeinander.

»Solche Leute«, wurde auf beiden Seiten gesagt, »sind ganz einfach unehrlich und ohne jede Moral. Man kann mit ihnen nicht mehr verkehren.«

Und sie schrieben sich wechselseitig unfreundliche Briefe, in denen stand, dass sie nichts mehr miteinander zu tun haben wollten.

So wurden die diplomatischen Beziehungen zwischen beiden Reichen abgebrochen.

Eines Nachts lagen Kamuffel und Kamelle in ihrem königlichen Ehebett. Vom vielen Nachdenken und der andauernden Erbitterung hatten sie beide Kopfweh.

»Kamelle«, sagte Kamuffel, »schläfst du?«

»Nein«, antwortete Kamelle, »ich kann nicht.«

»Ich auch nicht«, fuhr Kamuffel fort, »ich bin zu erbost. So etwas darf man sich einfach nicht gefallen lassen.«

»Recht hast du«, erwiderte Kamelle, »es ist eine Schande und eine Schmach für unser ganzes Reich.«

»Wenn diese Leute sich nicht einmal an die einfachsten Regeln des Anstands halten«, meinte Kamuffel, »dann sehe ich nicht ein, warum wir es tun sollen.«

»Da wären wir nur die Dummen«, pflichtete Kamelle bei, »dieser alberne Löffel, den sie uns angedreht haben, nützt uns überhaupt nichts. Wir soll-

ten uns unsere Schüssel wieder zurückholen.«

Kamuffel dachte eine Weile nach. »Und wenn sie sie nicht freiwillig hergeben?«, wandte er ein.

»Dann«, meinte Kamelle, »holen wir sie uns einfach, ohne sie zu fragen.«

»Das ist ein guter Plan!«, rief Kamuffel. »Du bist wirklich genial, meine Liebe.«

Im rechten Königreich gab es einen Meisterdieb namens Leberecht Langfinger. Der wurde gleich am nächsten Morgen ins Königsschloss gerufen und zum Königlichen Geheimagenten mit besonderem Auftrag ernannt. Der besondere Auftrag bestand darin, dass er die Schüssel aus dem Schloss des linken Königreichs stehlen sollte. Nur durfte er sich dabei natürlich um nichts in der Welt erwischen lassen.

»Keine Sorge, Eure Majestäten«, versicherte Leberecht Langfinger, »die Schüssel ist schon so gut wie hier.«

Er klappte seinen Mantelkragen hoch, zog sich eine schwarze Maske über die Augen und seinen Hut in die Stirn und machte sich auf den Weg.

Der Zufall wollte es, dass genau zur gleichen Zeit König Pantoffel und Königin Pantine auf dieselbe Idee gekommen waren. Nur dass der Meisterdieb im linken Königreich Klaus Klau hieß. Als königlicher Geheimagent mit besonderem Auftrag sollte er das rechtmäßige Eigentum, nämlich den Schöpflöffel, in seine angestammte Heimat zurückbringen. Selbstverständlich ohne dass irgendjemand im rechten Königreich etwas davon merkte.

Nachdem die beiden Geheimagenten sich auf den Weg gemacht hatten, atmeten die Königspaare erleichtert auf. Zum ersten Mal seit langer Zeit konnten sie wieder richtig gut schlafen. Und gerade weil sie so gut schliefen, war es für Leberecht Langfinger und Klaus Klau überhaupt kein Problem, die Schüssel beziehungsweise den Löffel, zu stehlen und nach Hause zu bringen.

Zunächst einmal war in beiden Königsschlössern die Freude groß über den gelungenen Diebstahl, und die beiden königlichen Geheimagenten wurden mit Ehren überhäuft und bekamen eine Menge Orden für ihre Verdienste um das jeweilige Reich. Aber der Jubel währte nicht lang, weil man nur zu bald bemerkte, dass trotz allem alles beim Alten geblieben war.

Die Situation spitzte sich zu. Jetzt kannte die Empörung auf beiden Seiten keine Grenzen mehr.

»Das sind Banditen!«, schrien Pantoffel und Pantine. »Da sieht man es, sie schrecken nicht einmal vor Diebstahl zurück.«

»Das sind Verbrecher!«, schrien Kamuffel und Kamelle. »Jetzt zeigt es sich, sie scheuen sich nicht einmal davor zu rauben.«

»Nieder mit dem rechten Königreich!«, schrie man links vom Berg.

»Nieder mit dem linken Königreich!«, schrie man rechts vom Berg.

Und unverzüglich stellten beide Könige ihre Armeen auf. Kamuffels Heer bestand aus vier Soldaten, fünf Hauptmännern und drei Generälen. Pantoffels Kriegsmacht dagegen bestand aus drei Soldaten, vier Hauptmännern, vier Generälen und einem Admiral o. F. (ohne Flotte).

Die Nacht war finster und stürmisch, als die beiden Könige mit ihren Armeen auszogen, um das feindliche Reich zu unterwerfen. Die beiden Königinnen blieben zu Hause und winkten den davonmarschierenden Kriegern mit ihren Taschentüchern nach.

Da Kamuffels Heer um die rechte Seite des Berges zog und Pantoffels Heer um die linke, begegneten sie sich nicht unterwegs. Auch im jeweiligen Feindesland fanden sie keinerlei Widerstand. Die beiden Königinnen empfingen die Eindringlinge nicht gerade mit freundlichen Worten, aber sie wurden einfach gefangen genommen und mussten wohl oder übel den Mund halten. Danach zündeten beide Heere zur Strafe für das begangene Verbrechen das Schloss des anderen Königs an und guckten zufrieden zu, wie es abbrannte. Als nur noch rauchende Trümmer übrig waren, zogen sie im Triumphmarsch um die linke und rechte Seite des Berges herum wieder nach Hause, ohne sich zu begegnen.

Und was war nun aus der porzellanenen Schüssel und dem porzellanenen Schöpflöffel geworden?

Die hatten Prinz Saffian und Prinzessin Praline zum Glück rechtzeitig weggeholt, als sie merkten, was ihre Eltern vorhatten. Man hatte ihnen ausdrücklich verboten, an dem jeweiligen Feldzug teilzunehmen. Krieg, so war ihnen gesagt worden, ist nichts für Kinder, das dürfen nur die Erwachsenen. Übrigens hätten sie beide auch gar keine Lust dazu gehabt. Gerade für diese Nacht hatten sie sich nämlich wieder einmal oben auf dem Berggipfel verabredet. Und beide hatten die Sachen mitgebracht, um derentwillen dort unten so viel Unheil angerichtet wurde, Praline die Schüssel und Saffian den Löffel.

Ganz vorsichtig und behutsam taten sie den Löffel in die Schüssel und rührten um, und siehe da – sogleich war die Schüssel voll der wohlschmeckendsten und nahrhaftesten Suppe. Und beide aßen, bis sie satt und zufrieden waren. So einfach war das!

Inzwischen waren König Kamuffel mit seinem Heer und der gefangenen Königin Pantine und König Pantoffel mit seinem Heer und der gefangenen Königin Kamelle nach Hause zurückgekehrt. Und da sahen sie nun die Bescherung. Natürlich war die Bestürzung riesengroß und des Wehklagens kein Ende. Beide Könige saßen auf den Trümmerhaufen ihrer abgebrannten Schlösser und weinten bitterlich, und die Armeen standen um sie herum und machten betretene Gesichter.

Ursprünglich hatte jeder von den beiden vorgehabt, die von ihm gefangen genommene Königin nur zurückzugeben gegen die Auslieferung des Löffels, beziehungsweise der Schüssel – was ja in Wirklichkeit auch wieder nichts genützt hätte –, aber nun war sowieso alles ganz anders. Weder Löffel noch Schüssel waren mehr da, es war überhaupt nichts mehr da. Sogar die Vorratskammern im jeweiligen Schloss waren mit abgebrannt, und zu essen gab es nun auch nichts mehr.

Weil man ja unter diesen Umständen mit den Königinnen als Gefangenen nichts mehr anfangen konnte, wurden sie einfach nach Hause geschickt, mitten in der Nacht. Das war zwar nicht gerade besonders höflich, aber im Krieg ist ja bekanntlich alles erlaubt. So kam Pantine wieder zu ihrem Pantoffel zurück und Kamelle wieder zu ihrem Kamuffel. Aber das war für alle Beteiligten doch nur ein schwacher Trost.

Die Könige hatten – erst vor lauter Kampfeseifer und dann vor lauter staatsmännischem Gram – bisher überhaupt noch nicht bemerkt, dass

ihre Kinder nicht mehr da waren. Das fiel als Erstes den Königinnen auf.

»Wo ist Prinz Saffian?«, rief Pantine und rang die Hände.

»Wo ist Prinzessin Praline?«, rief Kamelle und raufte sich die Haare.

Sofort wurden Kuriere ins jeweilige Feindesland hinübergeschickt, und so erfuhr man, dass die Kinder auch dort nicht waren.

Nun war das Unglück erst vollständig!

»Und das alles«, sagte König Kamuffel mit tränenerstickter Stimme, »wegen dieses blöden Löffels!«

»Und das alles«, schluchzte König Pantoffel, »wegen dieser dummen Schüssel!«

»Wenn wir geahnt hätten, wohin das führt«, setzte Königin Kamelle weinend hinzu, »dann hätten wir denen doch lieber unsere Schüssel geschenkt.«

»Wenn wir gewusst hätten, was daraus wird«, jammerte Königin Pantine, »dann hätten wir denen den Löffel lieber gegeben.«

So großzügige Worte wurden plötzlich auf beiden Seiten des Berges gesprochen – allerdings nur, solange die anderen nicht zuhören konnten.

Trotz alledem, auch gemeinsames Unglück verbindet, selbst dann, wenn man es sich gegenseitig zugefügt hat. Und außerdem kam auch noch dazu, dass sie Hunger bekamen, aber zu essen gab es weit und breit nichts. Und Hunger hat schon manchen zur Einsicht gebracht.

Abermals wurden Boten hin- und hergeschickt, und bald war man sich auf beiden Seiten einig, dass man sich zusammensetzen wollte, um zu beraten, was zu tun wäre. Man wollte sich auf halbem Weg, sozusagen an den Landesgrenzen, treffen, nur konnte man sich nicht einig werden, an welcher, denn König Pantoffel wollte um die linke Seite des Berges herumziehen und König Kamuffel um die rechte. Das hätte bedeutet, dass man ewig hintereinander hergelaufen wäre. Aber keiner der beiden Könige wollte nachgeben.

Schließlich fand man eine Zwischenlösung, die es beiden Königen erlaubte, ihre Würde zu bewahren, obgleich die Lösung für beide ziemlich unbequem war: Man wollte die Konferenz auf dem Gipfel des Berges abhalten. Das war zwar etwas ganz und gar Neues und Unerhörtes, aber die Not war groß und der Hunger nahm zu.

Also schleppten sich die beiden Königspaare samt ihren Ministern, Armeen, Geheimagenten und Untertanen von beiden Seiten auf den Berg hinauf. Als sie oben ankamen, waren sie total erschöpft und außer Puste und setzten sich erst einmal auf den Boden.

Da kamen Prinz Saffian und Prinzessin Praline aus ihrem Versteck und trugen gemeinsam die Porzellanschüssel mit dem Schöpflöffel darin, und die gute, nahrhafte Suppe dampfte und duftete ganz unbeschreiblich appetitanregend.

»Schön, dass Ihr da seid, Eure Majestäten«, sagte Prinz Saffian, »dürfen wir Euch was zu essen anbieten?«

»Langt nur zu, Eure Majestäten«, sagte Prinzessin Praline, »es ist genug für alle da.«

Jedermann machte natürlich große Augen und war glücklich, dass nicht nur die Königskinder, sondern auch Löffel und Schüssel gerettet waren. Alle aßen von der Suppe und mussten zugeben, dass ihnen noch nie etwas so gut geschmeckt hatte.

»Das hätten wir längst haben können«, sagte Königin Kamelle vorwurfsvoll zum anderen Königspaar, »wenn ihr uns nur gleich zu Anfang den Löffel gegeben hättet.«

»Na, hört euch das an!«, rief Königin Pantine. »Ihr hättet uns ja nur die Schüssel zu geben brauchen, dann wäre uns viel erspart geblieben.«

»Jedenfalls«, meinte König Kamuffel, »werden wir jetzt sofort und ein für alle Mal klarstellen müssen, wer von uns über Löffel und Schüssel zu bestimmen hat, denn Ordnung muss sein.«

Da sagte König Pantoffel: »Nun fangt bitte nicht schon wieder an!« Und das war vermutlich der weiseste Satz, den er je gesagt hatte.

Alle schwiegen beeindruckt und aßen weiter von der Suppe, bis sie satt waren. Wenn Leute satt sind, kann man manchmal leichter mit ihnen reden. Deshalb warteten die beiden Königskinder auf diesen Augenblick, dann erklärten sie: »Wir beide wollen nämlich heiraten, sobald wir alt genug dafür sind, weil wir uns sehr gernhaben. Und Löffel und Schüssel wünschen wir uns als Hochzeitsgeschenk.«

Um es nun kurz zu machen: Die beiden Königspaare willigten nach einigem Hin und Her schließlich ein. Und da die ehemaligen Schlösser ja sowieso abgebrannt waren, wurde ein neues gemeinsames Schloss mitten auf dem Berggipfel gebaut. Der Löffel und die Schüssel gehörten fortan dem jungen Paar gemeinsam, und die beiden stritten niemals darum, weil sie ja wussten, dass das eine nur durch das andere etwas wert war.

Die alten Könige und Königinnen übergaben die Regierung ihrer Reiche den Kindern. Allerdings bestanden Pantoffel und Pantine darauf, im linken Flügel des neuen Schlosses zu wohnen, und Kamuffel und Kamelle zogen in den rechten. Nun ja. Aber sie besuchten sich öfters, die Könige, um Mensch-ärgere-dich-nicht zu spielen, und die Königinnen, um Neuigkeiten zu besprechen. Und so waren schließlich alle zufrieden.

Zur Hochzeit von Prinz Saffian und Prinzessin Praline kamen Gäste aus aller Herren Länder, und unter der weitverzweigten Verwandtschaft befand sich auch Serpentine Irrwisch. Diesmal hatte man nicht vergessen, sie einzuladen. Alle aßen von der wundervollen Suppe und jedermann lobte ihren vorzüglichen Geschmack. Auch die böse Fee kostete davon, dann sagte sie: »Also, ganz ehrlich, ich hätte nie und nimmer gedacht, dass die Sache mit dem Löffel und der Schüssel tatsächlich funktioniert! Sonst hätte ich euch diese Sachen natürlich nicht geschenkt. Nun habe ich aus Versehen etwas Gutes getan – wie schrecklich peinlich!« Und sie wurde ganz grün im Gesicht vor Ärger, brauste wütend auf ihrem Feuerstuhl davon und ward nie mehr gesehen.

Aber die Schüssel, auf der ein Löffel abgebildet war, und so weiter, die blieb voll, so viel man auch mit dem Löffel, auf dem eine Schüssel abgebildet war, und so weiter, aus ihr schöpfte. Sie wurde niemals leer, und so ist es bis auf den heutigen Tag geblieben. Und alle, die Hunger haben und nichts zu schlucken, die können zu jenem Schloss auf dem Berg hinaufsteigen und sich dort satt essen.

Sie müssen es nur finden.

## Ein Schnurps droht einem andern Schnurps

Komm doch her, du, wenn du dich traust!
Dich zwing ich immer noch nieder!
Das sag ich dir, wenn du mich haust,
dann hau ich dich nämlich wieder!

Dein großer Bruder, dein böser,
der darf mich gar nicht verhaun!
Mein Bruder ist noch viel größer,
der schmeißt deinen über den Zaun!

Mamakind! Besserwisser!
Du machst dir die Hosen noch nass!
Ja, schau nur recht blöd, du Schisser!
Komm her, dann erlebst du mal was!

Ich kann nämlich fürchterlich raufen!
Jetzt rennt er davon! Schaut ihn an!
(Ganz heimlich: Wär er nicht gelaufen,
dann hätt ich's gleich selber getan.)

## Das dritte Rätsel

Der ärmste Mensch hat es auf Erden,
doch fehlt es dem, der alles hat.
Es macht dem Muntersten Beschwerden
und es genügt dem Nimmersatt.

Der Dümmste weiß es aus dem Grunde,
der Geizhals gibt es gerne her,
als Arzenei braucht's der Gesunde –
doch wen es freut, des Herz bleibt leer.

Ein Herz aus Stein jedoch erweicht es,
Verrat zur edlen Tat es macht,
und wer es kann, ja, der erreicht es.
Der Blinde sieht's in finstrer Nacht.

Wer es erhofft, der mag verzweifeln!
Den Weisen bringt es aus der Ruh.
Als sichrer Lohn bleibt es den Teufeln,
denn wer es liebt, dem fällt es zu.

Von allen Rätseln scheint das größte
dies Wort, das mancher Narr verstand,
denn ob man - oder nicht - es löste,
das Gleiche ist es, was man fand.

# Über die weite graue Fläche des Himmels

glitt ein Schlittschuhläufer dahin, kopfunter, mit wehendem Wollschal. Er konnte das, denn der Himmel war zugefroren. Mit tropfenden Nasen und offenen Mündern sah die Menschenmenge von der Erde aus zu, zeigte nach ihm hinauf und applaudierte bisweilen, wenn ihm ein besonders schwieriger (natürlich umgekehrter) Sprung gelungen war. Er lief in weiten Bögen und Schleifen, immer wieder die gleichen Figuren, bis sich die Spur seines Laufs in den Himmel gekratzt hatte. Jetzt zeigte es sich, dass es Buchstaben waren, eine dringende Botschaft vielleicht. Dann glitt er davon und verschwand fern hinter dem Horizont.

Die Menschenmenge starrte zum Himmel hinauf, aber keiner kannte das Alphabet, keiner konnte die Schrift entziffern. Langsam verschwand die Spur, und der Himmel war wieder nur eine weite graue Fläche. Die Leute gingen nach Hause und hatten bald den ganzen Vorfall vergessen. Jeder hat schließlich seine eigenen Sorgen, und außerdem: Wer weiß, ob die Botschaft wirklich so wichtig war.

# Divertimento in PP

Ein alter Lappe saß jeden Tag auf einer Treppe, die zu einer Kuppel hinaufführte. Deshalb hieß er der Kuppeltreppenlappe.

Der kleine Seppel, der ein gutes Herz hatte, brachte ihm ab und zu einen Teller Suppe und sagte: »Hier bringe ich dir deine Kuppeltreppenlappensuppe.«

»Fein«, antwortete der Lappe, «dann bist du also der Kuppeltreppenlappensuppenseppel. Und zum Dank für deine Freundlichkeit schenke ich dir hier meine bunte Kappe.«

Da hatte der kleine Seppel nun also eine Kuppeltreppenlappensuppenseppelkappe. Er setzte sie stolz auf seinen blonden Schüppel, man könnte auch sagen auf seinen Kuppeltreppenlappensuppenseppelkappenschüppel.

Als die Zeit herankam, dass der kleine Seppel sich wieder einmal beim Friseur die Haare schneiden lassen mußte, da fielen die ganzen Schnip-

pel auf den Boden, alles lag voll mit den Kuppeltreppenlappensuppenseppelkappenschüppelschnippel. Der Friseur kehrte sie sorgfältig zusammen, aber er warf sie nicht weg, denn er wusste wohl, dass es sich da um etwas Besonderes handelte. Darum tat er die Schnippel in eine besonders dafür hergestellte Mappe, man könnte auch sagen in eine Kuppeltreppenlappensuppenseppelkappenschüppelschnippelmappe. Diese Mappe verwahrte er in seinem Schuppen, das war nun also sein Kuppeltreppenlappensuppenseppelkappenschüppelschnippelmappenschuppen.

Bis hierher ist die Geschichte noch verhältnismäßig einfach, aber jetzt wird sie kompliziert.

Eines Tages kam nämlich ein Trapper, der hatte das Kinn voller Bartstoppeln. Er war eben ein richtiger Stoppeltrapper, denn er kam nicht oft dazu, sich zu rasieren, weil er in der Steppe lebte. Darum hieß er der Steppenstoppeltrapper. Obwohl er sonst ein starker Mann war, fühlte er sich diesmal ganz elend und schwach. Man könnte auch sagen, er war ein schlapper Steppenstoppeltrapper. Er hatte nämlich die Grippe, die sogenannte Schlappersteppenstoppeltrappergrippe. Und weil er Fieber hatte und nicht mehr weiterkonnte, legte er sich einfach in den bewussten Schuppen des Friseurs, also in den Schlappersteppenstoppeltrappergrippenkuppeltreppenlappensuppenseppelkappenschüppelschnippelmappenschuppen.

Als der Friseur das bemerkte, beklagte er sich bitter, weil die ganze Sache nun sogar für ihn unsäglich schwierig wurde. Bei dem Versuch, den Namen seines Schuppens auszusprechen, bekam er einen richtigen Rappel. Aber das machte alles nur noch schlimmer, denn das war ja nun, mit einem Wort gesagt, ein Schlappersteppenstoppeltrappergrippenkuppeltreppenlappensuppenseppelkappenschüppelschnippelmappenschuppenrappel. In seiner Verzweiflung rief er zwei stadtbekannte Rüpel zu Hilfe, die sollten den Trapper wegjagen. Diese Rüpel waren aber Zwillinge und hießen deshalb die Doppelrüpel. Diese zwei bildeten auf der Stelle eine Spezialtruppe für ihre überaus schwierige Aufgabe und nannten sich die Schlappersteppenstoppeltrappergrippenkuppeltreppenlappensuppenseppelkappenschüppelschnippelmappenschuppenrappeldoppelrüpeltruppe.

Sie marschierten zu dem Schuppen, umstellten ihn und forderten den schlappen Trapper auf, sich unverzüglich zu ergeben. Aber der war in-

zwischen wieder einigermaßen bei Kräften und griff sich einen Knüppel, man könnte auch sagen einen Schlappersteppenstoppeltrappergrippenkuppeltreppenlappensuppenseppelkappenschüppelschnippelmappensuppenrappeldoppelrüpeltruppenknüppel, und damit verhaute er die Zwillinge so, dass sie klein beigeben mussten und die Flucht ergriffen. Sie hinkten und hoppelten in einer malerischen Gruppe von dannen, sozusagen in einer Hoppelgruppe, und alle Leute, die es sahen, lachten und nannten sie die Schlappersteppenstoppeltrappergrippenkuppeltreppenlappensuppenseppelkappenschüppelschnippelmappenschuppenrappeldoppelrüpeltruppenknüppelhoppelgruppe.

Das war den Doppelrüpeln natürlich sehr peinlich, und sie sannen auf Abhilfe. In derselben Stadt gab es einen Erfinder, der sehr lebensechte Puppen bauen konnte. Bei ihm bestellten sie eine Zappelpuppe mit Lippen, die richtig plappern konnte. Natürlich kostete sie ein Vermögen, aber als die Puppe fertig war, da war sie tatsächlich eine Schlappersteppenstoppeltrappergrippenkuppeltreppenlappensuppenseppelkappenschüppelschnippelmappenschuppenrappeldoppelrüpeltruppenknüppelhoppelgruppenlippenplapperzappelpuppe, also ein wahres Wunderwerk.

Diese Puppe schickten sie, weil sie inzwischen selber zu schüchtern waren, zu dem alten Lappen, der noch immer auf der Treppe zur Kuppel saß, und sie teilte ihm mit: »Du bist eigentlich an allem schuld, denn mit dir hat das Unheil angefangen. Hättest du nicht die Suppen vom Seppel gegessen ... «

Da sagte der Lappe: »Halt deine Klappe!«

Er hatte einfach keine Lust, sich das alles noch einmal anzuhören. Er hätte natürlich richtiger sagen müssen: Halt du deine Schlappersteppenstoppeltrappergrippenkuppeltreppenlappensuppenseppelkappenschüppelschnippelmappenschuppenrappeldoppelrüpeltruppenknüppelhoppelgruppenlippenplapperzappelpuppenklappe, um ganz genau zu sein, aber er wollte sich nicht so sehr anstrengen, darum fügte er nur noch hinzu: »Was du da sagst, ist mir völlig schnuppe. Es ist mir sogar mehr als schnuppe, es ist mir ehrlich gesagt schlappersteppenstoppeltrappergrippenkuppeltreppenlappensuppenseppelkappenschüppelschnippelmappenschuppenrappeldoppelrüpeltruppenknüppelhoppelgruppenlippenplapperzappelpuppenklappenschnuppe!«

Und damit aß er einen Happen von seiner Suppe. Aber fragt mich jetzt bitte nicht, was das für ein Happen war.

nächsten Atemzug, an den nächsten Besenstrich. Und immer wieder nur an den nächsten.«

Wieder hielt er inne und überlegte, ehe er hinzufügte: »Dann macht es Freude; das ist wichtig, dann macht man seine Sache gut. Und so soll es sein.«

Und abermals nach einer langen Pause fuhr er fort: »Auf einmal merkt man, dass man Schritt für Schritt die ganze Straße gemacht hat. Man hat gar nicht gemerkt wie und man ist nicht außer Puste.« Er nickte vor sich hin und sagte abschließend: »Das ist wichtig.«

# Die Ballade vom Seiltänzer Felix Fliegenbeil

Es war ein Tänzer auf dem Seil
mit Namen Felix Fliegenbeil,
der größte aller Zeiten,
das kann man nicht bestreiten.
Ihm lag nicht viel an Gut und Geld,
nichts an der Menge Gunst,
ihm ging's nicht um den Ruhm der Welt,
ihm ging es um die Kunst.

Schon in der Seiltanzschule war
er bald der Beste in der Schar,
und als ein Jahr vorüber,
war er dem Lehrer über.
Da sagte der in mildem Ton:
»Du Wunderkind, ade!
Ich kann dich nichts mehr lehren, Sohn,
drum geh mit Gott – doch geh!«

So zog er in die Welt hinaus,
wohin er kam, erscholl Applaus.
Die ganze Welt bereist' er
und suchte seinen Meister.

Doch keiner tanzte so genial
die Sprünge des Balletts
hoch droben auf dem Seil aus Stahl
und immer ohne Netz!

Da er den Meister nirgends fand,
beschloss er endlich kurzerhand,
statt andre zu begeistern,
sich selber zu bemeistern.
»Mein Tanz«, sprach Felix Fliegenbeil,
»ist noch kein Meisterstück.
Zwar kann ich alles auf dem Seil,
doch ist das Seil zu dick!«

Drum spannte er von Haus zu Haus
nun einen Draht anstatt des Taus
und übte drauf zu springen.
Das sollte bald gelingen.
Dann nahm er einen dünnern Draht
und einen dünnsten noch –
es dauerte zwei Jahre grad,
dann konnte er's jedoch.

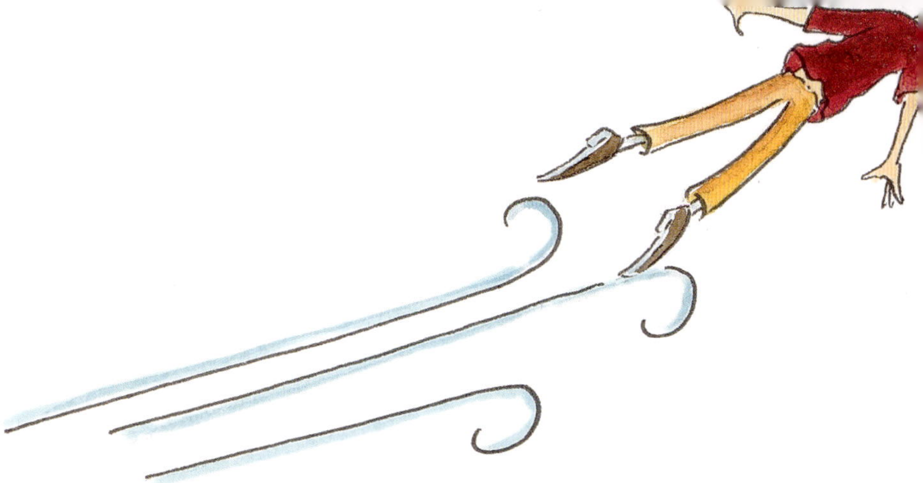

Und schließlich kam das siebte Jahr,
da tanzte er auf einem Haar,
gespannt von Turm zu Turme,
dort schritt er hin im Sturme.

Das Publikum sah schweigend zu
und hielt die Hüte fest.
Dann aber kam der letzte Clou,
der sich kaum glauben lässt:

Denn eines Tags um acht Uhr früh,
da spannt' er nichts mehr zwischen sie:
Er tanzte auf der Leere,
als ob dort etwas wäre!
Hoch überm Abgrund ging er zwar
mit leichtem Tänzerschritt,
doch weil er ohne Halt nun war,
nahm ihn ein Windstoß mit.

Wer weiß, wohin der Wind ihn trieb?
Ein Astronom allein beschrieb,
was er im Fernrohr schaute
im Sternbild Argonaute:
Es sei, sprach er, gewiss kein Traum.
Er habe ihn gesehn,
von Stern zu Stern im Himmelsraum
wie einen Tänzer gehn!

Es war der Tänzer ohne Seil
mit Namen Felix Fliegenbeil,
der größte aller Zeiten,
das wird man nicht bestreiten.
Ihm lag nichts mehr an Gut und Geld,
nichts an der Menge Gunst,
ihm ging's nicht um den Ruhm der Welt,
ihm ging es um die Kunst!

# Tranquilla Trampeltreu, die beharrliche Schildkröte

Eines schönen Morgens saß die Schildkröte Tranquilla Trampeltreu vor ihrer kleinen gemütlichen Höhle in der Sonne und verspeiste geruhsam ein Wegerichblatt.

Über ihr, in den Zweigen eines uralten Ölbaumes, saß die Taube Sulaika Silberkropf und putzte ihr schimmerndes Gefieder. Da kam der Täuberich Salomo Silberkropf geflogen, verbeugte sich mehrmals und rief: »O Sulaika, du Freude meines Herzens, hast du es schon vernommen? Der Große Sultan aller Tiere, Leo der Achtundzwanzigste, wird Hochzeit feiern. Darum lass uns zusammen zu seiner Höhle fliegen, du Licht meiner Augen!«

»O mein Herr und Gebieter«, gurrte die Taube, »sind wir denn eingeladen?«

»Sei unbesorgt, du Stern meines Lebens«, antwortete Salomo Silberkropf und verbeugte sich noch ein paar Mal, »alle Tiere, groß und klein, alt und jung, dick und dünn, nass und trocken, sind eingeladen, also auch wir. Es soll das schönste Fest werden, das es je gegeben hat. Aber wir müssen uns beeilen, denn der Weg zur Löwenhöhle ist sehr weit und das Fest ist schon bald.«

Sulaika nickte, und beide Tauben flogen davon.

Tranquilla Trampeltreu, die alles gehört hatte, versank in so tiefes Nachdenken, dass sie sogar vergaß, den Rest ihres Frühstücks aufzuessen.

»Wenn alle Tiere, groß und klein, alt und jung, dick und dünn, nass und trocken, zu der Hochzeit eingeladen sind«, so sprach Tranquilla zu sich selbst, »dann bin ich es wohl auch. Warum sollte ich also nicht auch auf das schönste Fest gehen, das es je gegeben hat?«

Nachdem sie den ganzen Tag und die darauffolgende Nacht hindurch nachgedacht hatte, stand ihr Entschluss fest. Kaum war die Morgensonne aufgegangen, setzte sie sich in

Bewegung, Schritt für Schritt, langsam zwar, aber unaufhaltsam.

Als sie schon fast den ganzen Tag so dahingekrabbelt war, kam sie an einem Dornbusch vorüber. Dort wohnte die Spinne Fatima Fadenkreuz inmitten ihres prächtigen Netzes.

»He, Tranquilla Trampeltreu«, rief die Spinne, »wohin denn so eilig, wenn man fragen darf?«

»Guten Abend, Fatima Fadenkreuz!«, antwortete die Schildkröte und blieb stehen, um ein wenig zu verschnaufen. »Wie du weißt, hat unser Großer Sultan, Leo der Achtundzwanzigste, alle Tiere zu seiner Hochzeit eingeladen. Deshalb gehe ich auch hin.«

Fatima Fadenkreuz schlug ihre langen Vorderbeine über dem Kopf zusammen und begann so zu kichern, dass ihr ganzes Netz bedenklich zu wippen anfing.

»O Tranquilla«, stieß sie endlich hervor, »du Langsamste der Langsamen – wie willst du je dort hinkommen?«

»Schritt für Schritt«, sagte Tranquilla.

»Und hast du auch bedacht«, rief Fatima Fadenkreuz, »dass die Hochzeit bereits in vierzehn Tagen sein wird?«

Tranquilla blickte zuversichtlich auf ihre kurzen, stämmigen Beinchen und antwortete: »Ich werde schon rechtzeitig dort sein.«

»Tranquilla!«, sagte die Spinne mitleidig. »Tranquilla Trampeltreu! Selbst für mich wäre der Weg zu weit, und ich habe nicht nur flinkere Beine, sondern auch doppelt so viele. Sei vernünftig! Gib's auf und geh nach Hause!«

»Das geht leider nicht«, antwortete die Schildkröte freundlich, »mein Entschluss steht fest.«

»Wem nicht zu raten ist, dem ist nicht zu helfen!«, sagte die Spinne und begann unwillig an ihrem Netz zu stricken.

»Das stimmt«, erwiderte Tranquilla, »also dann auf Wiedersehen, Fatima Fadenkreuz.«

Damit stapfte sie los. Die Spinne kicherte boshaft vor sich hin und wisperte: »Lauf bloß nicht zu schnell, sonst kommst du am Ende noch zu früh!«

Tranquilla Trampeltreu aber wanderte weiter über Stock und Stein, durch Sand und Hain, bei Nacht und Sonnenschein.

Als sie einmal an einem kleinen Teich vorüberkam, machte sie Rast, um zu trinken. Auf einem Efeublatt saß die Schnecke Scheheresade Schleimig, die beguckte sich die Schildkröte mit langen Stielaugen.

»Guten Tag!«, sagte Tranquilla freundlich.

Es dauerte eine gute Weile, bis die Schnecke sich so weit gesammelt hatte, dass sie antworten konnte. »Du lieber Himmel!«, knatschte sie unendlich langsam. »Du kannst aber schnell laufen! Ganz schwindelig wird einem bloß vom Zusehen.«

»Ich gehe auf die Hochzeit unseres Großen Sultans, Leo des Achtundzwanzigsten«, erklärte Tranquilla.

Diesmal dauerte es noch länger, bis Scheheresade ihre klebrigen Gedanken so weit geordnet hatte, dass sie mühsam hervordrucksen konnte: »Wie schnecklich! Da bist du ja in die ganz falsche Richtung gelaufen.« Sie deutete mit ihren Fühlhörnern verwirrt in der Gegend herum: »Dahinnichtdorthinvondaherichmeinehierher! – Hiernichtdadorthinmirhernichnordhinda da du da ...«, und sie verwickelte sich rettungslos in ihrer schwierigen Erklärung.

»Macht nichts«, sagte Tranquilla, »dann weiß ich's jedenfalls jetzt. Wohin, sagtest du, muss ich gehen?«

Die Schnecke war so durcheinander, dass sie in ihr Haus zurückschrumpfte und erst nach einer halben Stunde wieder zum Vorschein kam.

Tranquilla wartete geduldig, bis Scheheresade die Sprache wiedergefunden hatte.

»Du lieber Himmel!«, jammerte die Schnecke. »Was für ein Unglück! Du hättest nach Süden gehen müssen und nicht nach Norden. Genau umgekehrt hättest du gehen müssen.«

»Vielen Dank für den Hinweis!«, antwortete Tranquilla und drehte sich umständlich in die entgegengesetzte Richtung.

»Aber das Fest ist doch schon übermorgen!«, rief die Schnecke weinerlich.«

»Ich werde schon rechtzeitig dort sein«, sagte Tranquilla.

»Nie!«, seufzte die Schnecke und blickte die Schildkröte schwermütig an. »Nie und nimmer! Ja, wenn du von Anfang an in die richtige Richtung gelaufen wärst – dann vielleicht. Aber nun ist alles hoffnungslos. Alles war umsonst. Wie schnecklich!«

»Du kannst dich gern auf meinen Panzer setzen, wenn du mitkommen willst«, schlug Tranquilla vor.

Scheheresade Schleimig senkte ergeben ihre Stielaugen. »Es hat keinen Sinn. Es ist zu spät, viel zu spät. Niemals würden wir hinkommen.«

»Doch«, sagte Tranquilla, »Schritt für Schritt.«

»Ich bin so traurig«, knatschte die Schnecke, »bleib bei mir und tröste mich!«

»Das geht leider nicht«, sagte Tranquilla freundlich, »mein Entschluss steht fest.« Damit setzte sie sich von Neuem in Bewegung, nun in die entgegengesetzte Richtung.

Scheheresade Schleimig blickte ihr noch lange Zeit mit tränenfeuchten Stielaugen nach und machte fortwährend beschwörende Bewegungen mit ihren Fühlhörnern.

Wieder wanderte die Schildkröte nun viele Tage lang in der anderen Richtung über Stock und Stein, durch Sand und Hain, bei Nacht und Sonnenschein.

Schließlich begegnete sie dem Eidechserich Zacharias Zierfuß, der auf einem sonnenbeschienenen Stein lag und döste. Sein smaragdgrünes Schuppenkleid glitzerte kostbar. Als die Schildkröte sich näherte, öffnete er ein Auge, blinzelte und sagte schläfrig: »Halt! Wer ist man? Woher kommt man? Wohin will man?«

»Ich heiße Tranquilla Trampeltreu«, sagte die Schildkröte, »ich komme vom uralten Ölbaum und will zur Löwenhöhle.«

Zacharias Zierfuß gähnte. »Ei, ei, und was hat man dort zu suchen?«

»Ich gehe auf die Hochzeit unseres Großen Sultans, Leos des Achtundzwanzigsten, denn er hat alle Tiere dazu eingeladen, also auch mich«, antwortete Tranquilla.

Nun öffnete Zacharias Zierfuß erstaunt auch sein anderes Auge und betrachtete die Schildkröte herablassend.

»Wie stellt sich so ein armseliger Staubschlucker wohl vor«, näselte er nach einer Weile, »jetzt noch dorthin zu kommen?«

»Schritt für Schritt«, sagte Tranquilla.

Zacharias Zierfuß stützte sich auf die Ellbogen und trommelte mit den Fingern. »Ei, ei, auf so gemächliche Weise will man zu einer Hochzeit gehen, die schon vor einer Woche gewesen wäre?«

»Ist sie denn nicht vor einer Woche gewesen?«, fragte Tranquilla.

»Nein«, antwortete Zacharias Zierfuß faul.

»Fein«, sagte Tranquilla erfreut, »dann werde ich ja doch noch rechtzeitig dort sein.«

»Das wird man ganz bestimmt nicht! Als hoher Beamter des Löwenhofes erkläre ich hiermit: Die Hochzeit ist vorläufig abgesagt. Leo der Achtundzwanzigste musste ganz plötzlich in den Krieg gegen den Tiger Sebulon Säbelzahn ziehen. Man kann also getrost wieder nach Hause zurückkehren.«

»Das geht leider nicht«, antwortete Tranquilla Trampeltreu, »mein Entschluss steht fest.« Damit ließ sie den Eidechserich links liegen und stapfte weiter.

Zacharias Zierfuß aber starrte dösig vor sich hin und murmelte immer wieder: »Man fragt sich wirklich ... also man fragt sich wirklich ...«

Wieder wanderte die Schildkröte viele Tage lang über Stock und Stein, durch Sand und Hain, bei Nacht und Sonnenschein.

Als sie eine Felsenwüste durchquerte, begegnete sie einer Gesellschaft von Raben, die auf einem dürren Baum hockten und in düstere Gedanken versunken schienen. Tranquilla Trampeltreu blieb stehen, um sich nach dem Weg zu erkundigen.

»Hatschi!«, krächzte einer der Raben, noch ehe sie etwas gesagt hatte.

»Gesundheit!«, rief Tranquilla freundlich.

»Ich habe nicht geniest«, schnarrte der Rabe grämlich, »ich habe mich nur vorgestellt. Ich bin der Weise Hatschi Halef Habakuk.«

»O Verzeihung!«, sagte sie. »Ich heiße Tranquilla Trampeltreu und bin nur eine einfache Schildkröte. Kannst du mir bitte sagen, weiser Habakuk, ob es hier zur Höhle unseres Großen

Sultans, Leo des Achtundzwanzigsten, geht? Ich bin nämlich auf seine Hochzeit eingeladen.«

Die Raben warfen sich untereinander bedeutungsvolle Blicke zu und hüstelten.

»Ich könnte es dir wohl sagen«, erklärte Habakuk und kratzte sich mit der Kralle den Kopf, »aber es würde dir nichts mehr nützen. Dort nämlich, wo unser Großer Sultan jetzt ist, können selbst wir, die Weisen, nicht hingelangen. Du aber, armes unwissendes Krabbeltier, wie solltest du mit deinem kurzen Verstand jemals dort hinfinden?«

»Schritt für Schritt«, sagte Tranquilla.

Wieder wechselten die Raben untereinander bedeutungsvolle Blicke und hüstelten.

»O du verblendetes Geschöpf!«, krächzte Habakuk feierlich. »Wovon du redest, das ist längst vergangen. Und die Vergangenheit holt niemand ein.«

»Ich werde schon rechtzeitig dort sein«, sagte Tranquilla zuversichtlich.

»Unmöglich!«, antwortete Habakuk mit Grabesstimme. »Siehst du nicht, dass wir Trauerkleider tragen? Vor wenigen Tagen haben wir unseren Großen Sultan, Leo den Achtundzwanzigsten, begraben. Er war im Kampf mit dem Tiger Sebulon Säbelzahn so schwer verwundet worden, dass er sterben musste.«

»Ach«, sagte Tranquilla Trampeltreu, »das tut mir aber wirklich leid.«

»Darum kehre heim«, fuhr Habakuk fort, »oder bleibe hier und trauere mit uns.«

»Das geht leider nicht«, antwortete Tranquilla freundlich, »mein Entschluss steht fest.« Damit machte sie sich von Neuem auf den Weg.

Die Raben blickten missbilligend hinter ihr her, dann steckten sie die Köpfe zusammen und krächzten: »Diese verstockte Person! Will doch tatsächlich auf die Hochzeit von jemandem gehen, der schon längst gestorben ist.«

Wieder stapfte Tranquilla Trampeltreu viele Tage über Stock und Stein, durch Sand und Hain, bei Nacht und Sonnenschein.

Und zuletzt gelangte sie in einen Wald voller blühender Bäume. In der Mitte des Waldes lag eine große Blumenwiese. Und auf dieser Wiese waren viele Tiere versammelt, große und kleine, alte und junge, dicke und dünne, nasse und trockene, die alle sehr vergnügt und voll freudiger Erwartung waren.

»Ach bitte«, fragte Tranquilla Trampeltreu einen kleinen Seidenaffen, der neben ihr auf und nieder hüpfte und in die Hände klatschte, »wo geht es hier zur Höhle unseres Großen Sultans?«

»Aber du stehst doch schon davor«, rief das Äffchen (es hieß übrigens Jussuf Juckfinger, aber das ist hier nicht mehr wichtig), »dort drüben ist der Eingang!«

»Und ist dies vielleicht«, fragte Tranquilla Trampeltreu bedächtig, »die Hochzeit unseres Großen Sultans, Leo des Achtundzwanzigsten?«

»Aber nein!«, rief das Äffchen. »Du musst wirklich von sehr weit herkommen! Heute feiert doch, wie jeder weiß, unser neuer Großer Sultan, Leo der Neunundzwanzigste, seine Hochzeit.«

In diesem Augenblick erschien im Eingang der Höhle ein herrlicher junger Löwe mit einer gewaltigen Mähne, die wie die Sonne leuchtete. Und neben ihm stand eine wunderschöne junge Löwin. Und alle Tiere riefen »Vivat!« und »Lang lebe das Hochzeitspaar!«, und dann wurde getanzt und gespielt und geschmaust und gesungen bis in die tiefe Nacht hinein. Und die Glühwürmchen leuchteten, und die Nachtigallen und Grillen musizierten. Mit einem Wort, es war wirklich das schönste Fest, das es je gegeben hat. Und mitten unter den Hochzeitsgästen saß Tranquilla Trampeltreu, ein bisschen müde zwar, aber sehr glücklich, und sprach: »Ich hab's doch immer gesagt, dass ich rechtzeitig da sein werde.«

# Ein Schnurps grübelt

Also, es war einmal eine Zeit,
da war ich noch gar nicht da. –
Da gab es schon Kinder, Häuser und Leut
und auch Papa und Mama,
jeden für sich –
bloß ohne mich!

Ich kann mir's nicht denken. Das war gar nicht so.
Wo war ich denn, eh es mich gab?
Ich glaub, ich war einfach anderswo,
nur, dass ich's vergessen hab,
weil die Erinnerung daran verschwimmt –
ja, so war's bestimmt!

Und einmal, das sagte der Vater heut,
ist jeder Mensch nicht mehr hier.
Alles gibt's noch: Kinder, Häuser und Leut,
auch die Sachen und Kleider von mir.
Das bleibt dann für sich –
bloß ohne mich.

Aber ist man dann weg? Ist man einfach fort?
Nein, man geht nur woanders hin.
Ich glaube, ich bin dann halt wieder dort,
wo ich vorher gewesen bin.
Das fällt mir dann bestimmt wieder ein.
Ja, so wird es sein!

# Es gibt Sachen, die gibt's gar nicht

Ein uraltes Kind
und Speck ohne Fett,
einen reglosen Wind,
einen Fluss ohne Bett,
ein Loch ohne Rand,
einen eckigen Kreis,
ein Meer ohne Strand,
oder glühendes Eis,
einen Zentner ohne Gewicht,
einen Vater, der jünger ist als sein Sohn,
ein Lächeln ohne Gesicht
und die größere Hälfte (ganz gleich, wovon!),
eine Glatze, bewachsen mit lockigem Haar
und Seifenblasen, ganz ohne Haut,
auch den einunddreißigsten Februar
und Lärm ohne Laut,
einen Traum ohne Träumer
und einen Purzelbaum ohne Purzelbäumer.

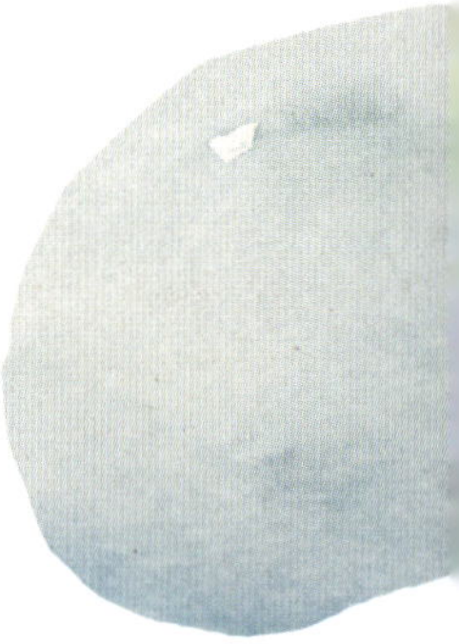

# Die Lösung der Rätsel

Nur Spielverderber lesen das,
noch ehe sie sich bemühten.
Sie rauben sich nur selbst den Spaß.
Wir können's nicht verhüten.

Ein echter Schnurps ist nicht so dumm,
da gibt es keine Frage.
Wenn's sein muss, rätselt er herum
dreihundertsechzig Tage.

Erst, wenn er selbst die Lösung fand
(bei seiner Schnurpsen-Ehre!),
dann schaut er nach: Er ist gespannt,
ob's auch die rechte wäre.

Doch manchmal findet er sie nicht
trotz Grübeln und Gedulden,
und dass ihm schier der Kopf zerbricht –
wer möchte das verschulden?

Für den, der redlich kämpfte drum,
lös ich der Rätsel Siegel:
Halt dieses Buch verkehrt herum
und tritt vor einen Spiegel!

3.
2.
Das erste Rätsel:
MORGEN
Das zweite Rätsel:
ICH
Das dritte Rätsel:
NICHTS

# Quellenverzeichnis (Texte und Abbildungen)



*Der Lindwurm und der Schmetterling.* Aus: Ende, Michael/Schlüter, Manfred: *Der Lindwurm und der Schmetterling.* 2005.

*Der Unsichtbare.*
*Die Ballade vom Seiltänzer Felix Fliegenbeil*
Texte aus: Ende, Michael: *Trödelmarkt der Träume. Mitternachtslieder und leise Balladen.* © 1986 by Nachlass Michael Ende (www.michaelende.de) vertreten durch AVA international GmbH, Germany (www.ava-international.de). Illustriert von Ute Krause.

*Der wirkliche Apfel*
*Ein sehr kurzes Märchen*
Texte aus: Ende, Michael/Schroeder, Binette: *Die Schattennähmaschine.* 1981. Jeweils neu illustriert von Ute Krause.

*Die Geschichte von der Schüssel und vom Löffel.* Aus: Ende, Michael: *Die Geschichte von der Schüssel und vom Löffel.* 1995. Mit Illustrationen von Nina Hammerle aus: Rothmund, Sandra (Hrsg.): *Das Vorlesebuch für kleine starke Freunde.* 2013.

*Divertimento in PP*
*Ein Königreich*
Texte aus: Ende, Michael: *Zettelkasten.* © 1994 Piper Verlag GmbH, München. Illustriert von Ute Krause.

*Jim Knopf und Lukas der Lokomotivführer (Sechzehntes Kapitel, in dem Jim Knopf eine wesentliche Erfahrung macht).*
Aus: Ende, Michael: *Jim Knopf und Lukas der Lokomotivführer.* 2015. Mit einer Zeichnung von F. J. Tripp, koloriert von Mathias Weber.

*Lenchens Geheimnis.* Aus: Ende, Michael/Capek, Jindra: *Lenchens Geheimnis.* 1991.

*Momo* (Zweites Kapitel: Eine ungewöhnliche Eigenschaft und ein ganz gewöhnlicher Streit / Viertes Kapitel (Auszug): Ein schweigsamer Alter und ein zungenfertiger Junger). Texte jeweils aus: Ende, Michael: *Momo oder Die seltsame Geschichte von den Zeit-Dieben und von dem Kind, das den Menschen die gestohlene Zeit zurückbrachte. Ein Märchen-Roman.* 1973.

*Moni malt ein Meisterwerk.* Aus: Ende, Michael: *Die Zauberschule und andere Geschichten.* 1994. Illustration von Regina Kehn.

*Norbert Nackendick oder das nackte Nashorn.* Aus: Ende, Michael/Stuhrmann, Jochen: N*orbert Nackendick oder Das nackte Nashorn.* 2010.

*Tranquilla Trampeltreu, die beharrliche Schildkröte.* Aus: Ende, Michael/Bayer, Michael: *Tranquilla Trampeltreu, die beharrliche Schildkröte.* 2009.

*Über die weite graue Fläche des Himmels glitt ein Schlittschuhläufer dahin.* Aus: Ende, Michael: *Der Spiegel im Spiegel. Ein Labyrinth.* © 1984 by Nachlass Michael Ende (www.michaelende.de) vertreten durch AVA international GmbH, Germany (www.ava-international.de). Illustriert von Ute Krause.

*Was das Kind des Zauberers Mirakandra in seiner Spielkiste hat.*
Aus: Roman Hocke (Hrsg.): *Michael Ende. Der Niemandsgarten. Aus dem Nachlass.*
© 1998 Piper Verlag GmbH, München. Illustriert von Ute Krause.

*Ansteckung*
*Das erste Rätsel*
*Das zweite Rätsel*
*Das dritte Rätsel*
*Die Lösung der drei Rätsel*
*Das Schnurpsenkonzert*
*Die Geschichte vom Wunsch aller Wünsche*
*Die Rüpelschule*
*Ein Schnurps droht einem anderen Schnurps*
*Ein Schnurps grübelt*
*Es gibt Sachen, die gibt's gar nicht*
*Gawa gawa usedump*
*Was ist ein Schnurps?*
*Zauberspruch gegen böse Träume*
*Zum Einschlafen zu murmeln*
Texte aus: Ende, Michael/Rettich, Rolf: *Das Schnurpsenbuch.* 1979. Jeweils neu illustriert von Maja Bohn.

Mehr über unsere Bücher, Autoren und Illustratoren auf:
www.thienemann.de

Hocke, Roman/Hocke, Andrea (Hrsg.):
Das große Michael-Ende-Vorlesebuch
ISBN 978 3 522 18416 8

Einbandgestaltung: Doris Grüniger, Buch und Grafik, Zürich
Coverillustration: Ute Krause
Innentypografie: Bettina Wahl
Reproduktion: Schwabenrepro, Stuttgart
Druck und Bindung: Livonia Print, Riga

MIX
Papier aus verantwortungsvollen Quellen
FSC www.fsc.org FSC® C002795


10. Auflage 2022

# Jim Knopf und Lukas – endlich in Farbe!

*Michael Ende*
**Jim Knopf und Lukas der Lokomotivführer**

272 Seiten · Gebunden
ISBN 978-3-522-18397-0

Dies sind die lustigen und spannenden Abenteuer von Jim Knopf und Lukas dem Lokomotivführer mit Scheinriesen, Halbdrachen und vielen anderen außergewöhnlichen Wesen.
Ausgezeichnet mit dem deutschen Jugendliteraturpreis – der Klassiker jetzt auch in Farbe.

*Michael Ende*
**Jim Knopf und die Wilde 13**

288 Seiten · Gebunden
ISBN 978-3-522-18398-7

Dies ist das zweite große Abenteuerbuch der beiden berühmten Lokomotivführer, denen kein Weg zu weit, kein Wasser zu tief und kein Berg zu hoch ist, um ihr Ziel zu erreichen.
Nominiert für den deutschen Jugendliteraturpreis – der Klassiker jetzt auch in Farbe.

**THIENEMANN**
*Wir schreiben Geschichten!*

www.thienemann.de

# Starke Geschichten von großen Autoren

*Otfried Preußler, Michael Ende*
*und viele andere*
**Das Vorlesebuch für kleine starke Helden**

208 Seiten · Gebunden
ISBN 978-3-480-23448-6

Vorlesen macht stark! Selbst die Allerkleinsten können zu großen Helden werden, wie die Geschichten beweisen: Hier müssen sich winzige Zauberer, kugelrunde Könige und superkluge Uhus gegen Drachen, Piraten und Tigerkatzen behaupten. Und Johnnie ist zwar mutig, sehr mutig sogar, trotzdem will er lieber bei Mama schlafen. Auch Helden fangen klein an …

28 Vorlesegeschichten zum Lachen, Träumen und Mitfühlen von beliebten Autorinnen und Autoren.

esslinger

www.esslinger-verlag.de